中国式家庭教育

破解家教的迷茫 升华亲情的温度

曾仕强 著

北京时代华文书局

图书在版编目（CIP）数据

中国式家庭教育 / 曾仕强著 .—北京：北京时代华文书局，2021.12（2022.6 重印）
ISBN 978-7-5699-4468-6

Ⅰ．①中… Ⅱ．①曾… Ⅲ．①家庭教育—研究—中国 Ⅳ．① G78

中国版本图书馆 CIP 数据核字（2021）第 235401 号

中国式家庭教育
ZHONGGUO SHI JIATING JIAOYU

著　　者 | 曾仕强

选题策划 | 周　军
责任编辑 | 周连杰
装帧设计 | 赵胜军

出版发行 | 北京时代华文书局 http://www.bjsdsj.com.cn
北京市东城区安定门外大街 138 号皇城国际大厦 A 座 8 层
邮编：100011　电话：010-64263661　64261528
印　　刷 | 天津格美印务有限公司　电话：010-69290834
开　　本 | 710mm×1000mm　1/16　印　　张 | 15　字　　数 | 200 千字
版　　次 | 2022 年 1 月第 1 版　印　　次 | 2022 年 6 月第 2 次印刷
书　　号 | ISBN 978-7-5699-4468-6
定　　价 | 59.80 元

读者购书、书店添货或发现印刷装订问题，请与曾仕强教授官网良心网联系、调换。
电话：010-69292472
盗版举报电话：010-69290834

目 录

第四章　如何让孩子得到全面发展

第五章　家庭的和谐来自经营

第六章　怎样建立正确的亲子关系

第七章　孩子各阶段不同的教养重点

第八章　为什么说母亲是影响孩子一生的人

第九章　孩子不听话的主要原因是什么

第一章　家族兴旺靠的是什么

纵观中国历史上出现过的家族，能够兴旺几百年的很少，但是也有的一兴旺就是几百年，这靠的就是家庭教育。

言传身教

三代同堂有想不到的好处

家庭教育其实和每一位都有非常密切的关系，如果我们说人生是一个学习的过程，我相信大家都会觉得很有道理，因为我们生下来的时候什么都不会，都是通过慢慢地学习，然后才懂得一些东西。所以教育对每一个人来讲，对每一个社会来讲，甚至对每一个国家、民族来讲都是非常重要的事情，**我们中国人把教育分成三大块，一个叫作家庭教育，一个叫作学校教育，一个叫作社会教育**。我想大家都很清楚，一个人的基础教育不是在学校，不是在社会，而是在家庭，所以我们中国人骂人很少说这个人没有受教育，也没有说这个人没有进学校，更不会说是这个社会使得他这样子，我们一定会说他没有家教，没有家教就是说这个人的家庭教育不好，为什么家庭教育会变成大家指责的对象？就是因为它是我们一生成长的基础。

我们可以一辈子不进学校，实际上现在其他一些国家的很多人是不让自己小孩进学校的，再设多少学校，他们就是不让自己小孩进学校。当然这个也不是鼓励大家这样做，我们必须要了解，世界上有各种不同的做法，我们到底喜欢选哪一种，这是我们自己要做决定的。学校只是教知识、教技能，很少能够教你品德方面的东西，所以**品德教育一定要在家庭里面打好基础**。你若冀望学校的老师把你的小孩子培养得品德很好，恐怕是会失望的。那至于社会，就更不用说了，各种花样都有，让人防不胜防。因此，我们看一个人是看他的家庭教育，家庭教育把他的品德培养得很好的话，我们会比较相信他，而且他一生在各方面都会比较顺利。

我们今天要从一件事情说起，这件事情刚说出来大家一定会觉得很奇怪。比如你走遍全世界，发现全世界的人都是三代同堂的，你会觉得很奇怪，因为我们满脑子都觉得三代同堂是中国的老东西，是一种不够现代化的很落伍的做法。你去全世界走走看，哪个地方不是三代同堂？因为它是一种很自然的现象。你看我们的妇女，她们会生育小孩，但是有年龄的限制，因为要保障妇女本身的安全，所以通常都在20岁到40岁的这20年当中生孩子比较好。老实讲女人三十五六岁生孩子会很让人担心，因为在这个年龄段生育属于高龄产妇。如果40岁生孩子，那我们更要特别小心，因为这个年龄生孩子有相当的危险，所以女性同胞千万记住，生小孩不是一辈子都能够做的，有年龄的限制。为了健康，为了安全，为了对母婴双方面都好，这是要重视的事情。我们想想看，女性20岁的时候生小孩，她的父母四五十岁；女性40岁生小孩，她的父母六七十岁。所以年轻人结婚生子的时候，都是趁着自己的父母都还健在，有了父母那一代，有了你这一代，再有了小孩这一代，这就是三代。

哪里有女性生了小孩父母就过世了？这样的事情很少，所以大家要了解，中国人都是顺应自然，不太强求要怎么做，因为那不是符合人性的。

我相信没有一个人是准备好做父母，然后才来做父母的。多数母亲都是稀里糊涂就生了一个小孩，然后就开始把小孩当实验品，实验来实验去，这个小孩真的很可怜。所以中国人知道，有上一代可以请教是一件很好的事情，他们虽然没有很高的学问，但是他们有经验，他们至少带过一个小孩，不然怎么有你？他们的经验可以供你做参考。现在不是，现在年轻人要通过上课，学习怎么做父母，那些授课的人讲的又是西方的一套，我从来没有说西方不好，只是它跟我们不一样，你看我们喝温水，西方人喝凉开水。我们吃饭的时候很懂得保护我们的肠胃，保护我们的牙齿，我们不会把冷的食物和热的食物掺着吃，西方人就是这样，热的菜，加上一杯冷饮。现在的小孩都在学，学到最后也是自己倒霉，肠胃坏了，牙齿也掉了，只是便宜了医生而已，所以做父母的要向自己的父母学，这样最安全，因此中国人就安排一个三代同堂，里面有老年、有中年、有少年，这是最好的一个环境、最好的一个单位、最好的一个结果、最圆满的一个组织。其实全世界差不多都一样，只是有的人比较喜欢住在一起，有的人不喜欢住在一起而已，但是我们不能说不住在一起就不是三代同堂。中国人跟西方人最大的不同之处就在于中国人会对祖宗崇拜，西方人不会。中国人是全世界唯一一个把祖宗的牌位放在自己的肩膀上，然后到处去跑的人；**西方人心中只有上帝，没有祖宗。中国人心中不一定有上帝，但是一定有祖宗。**

你看中国人中了状元回家拜祖宗，当了大官也要回家拜祖宗。中国人生了小孩依旧回家拜祖宗，因为祖宗总会照顾你，有人说这是迷信，其实你只要不迷，信就好，这就不是迷信。我希望大家了解，这个跟迷信、鬼神都没有关系，只是说你的祖先活在你心中，然后你就可以活在你的子女的心中，你心中没有你的祖先，你的子女将来心中就没有你，就这么一个简单的原则。子女如果心中没有父母，父母怎么教都教不好。

> 你心中没有你的祖先，你的子女将来心中就没有你，就这么一个简单的原则。子女如果心中没有父母，父母怎么教都教不好。

我们现在看到很多年轻人做事情乱七八糟，其实只有一个原因，就是他心中没有父母，中国人只要心中有父母，就会有很多事情不敢做，因为怕父母会伤心，怕父母会不高兴；西方人是喜欢做就做，父母不高兴是他们的事，他只要上帝对他好，照顾好他就好了。

这是民族的不同，如果你心中有上帝，你心中就没有父母；如果你心中有父母，你心中就不一定有上帝，我想这是每一个人都听得懂的话。对祖先崇拜，是为了教育，不是为了迷信，这跟到庙里去拜神不太一样。你可以一辈子不到庙里拜神，但是你在家里一定会拜祖宗，其实拜祖宗就是多了一个商量的对象、请教的对象，这没有什么不好，但是最要紧的是我们要身教，我们每个人从小就听说身教重于言教，如果父母整天把小孩叫来告诉他这样，告诉他那样，并且讲一大堆道理，没有用。如果有用的话，很多父母就不会生气，同样的话讲一百次也没用，如果小孩都很听话，那父母很容易做，如果他就是不听，那父母可以做给他看，可是父母有时候不在，怎么做给孩子看？所以中国人很聪明，让大家住在一起，父母早上起来的第一件事情，就是去看看自己的爸爸妈妈好不好，小孩看在眼里，他就知道了，他以后起来就先来看看你好不好。这个叫作早上要请安，晚上要看父母有没有安定下来，早晚要照顾自己的父母，所以讲一百遍，不如自己去看看父母，他就懂了。如果大家不住在一起，你就比较麻烦，所以我希望大家从教育这方面去看为什么对祖先崇拜，你会看得非常清楚，中国人是不搞迷信的。

鬼神是用来方便我们教育的，而不是让我们跟着鬼神乱转，西方人是跟着鬼神在乱转的，上帝叫他们每个月捐多少钱他们就要捐多少钱，我们的祖先没有规定我们一年要捐给他多少钱。我没有说基督教不好，那是他们的事情，而我们对祖先崇拜也没有什么不好，这是我们的事情。三代同堂是为了言传身教的方便。你怎么对你父母，你的小孩都能看到，你也不必教他要孝顺，因为这种话很难说。比如，你会告诉你的小孩长大要养你、长大要孝顺你这种话吗？不方便说，所以你要用一个对象做给他看，这就是要带动他。

榜样作用

这些事情只有家庭能教给孩子

家庭，不是讲道理的地方。如果一个父亲整天跟小孩讲道理，小孩就会把父亲当成老师看，所谓老师就是说孩子毕业了就跟你没有关系了，你愿意这样吗？千万记住，自己生的小孩要自己教育，家庭教育不能委托别人，这是第一件事情。现在有些父母恨不得把小孩子一生下来就送到托儿所，一生下来就送到幼稚园，好像没有自己的责任，那你生他干吗？

三代同堂相当于老年、中年、少儿构成的一个小社会，因为我们整个社会就是由老中少组成的。儿童重不重要？当然重要，没有儿童这个民族就没有未来，所以为什么说儿童是国家未来的主人公，因为长大以后就是他们当家。中年人也很重要，因为整个的生产都是靠他们，老年人也一样，老人的经验是我们在哪里都学不到的。比如我爸爸大我20岁，我一辈子都会记住，他那20年的经验是我永远都不会有的。我不跟他学跟谁学呢？有些事情老师不一定要教我，但是我爸爸一定会教我。所以我希望老师就是老师、爸爸就是爸爸、朋友就是朋友，不要把相互之间的角色混淆。三代同堂就是社会的缩影，也是家庭生活社会化的一个最好的环境。你看家住很偏僻的孩子长大以后，到了都市几乎没有办法适应，这是他的缺欠。我们家里面的孩子长大到社会上，他能够适应，因为我们的家就是

三代同堂就是社会的缩影，也是家庭生活社会化的一个最好的环境。

个小型的社会。

对祖先崇拜是中国人的一个特色；以家庭为单位，这是中国人的另一个社会特色。中国社会不是以个人为单位，是以家庭为单位。你看西方父母带一个小孩出来，我们就认定他不是叫汤姆就是叫玛丽；中国父母带一个小孩出来，我们不会先问他的名字，而是先问他是谁家的小孩。因此说西方人是以个人为单位，中国人是以家庭为单位。有人会说现在我们为了生活，没有办法让全家人住在一起，这个没有关系，记住中国人还有一个特色，就是**我们是不重视形式的民族，我们是非常实际的民族**。所以看起来中国人没有礼貌，但实际很真实。你看有礼貌又怎么样，表面对你笑嘻嘻，心里头却总想置你于死地，这不是更糟糕吗？中国人要记住，形式化是没有用的。

小孩是跟着大人学的，比如你在跟朋友打电话的时候，孩子问你这么晚在给谁打电话，你说打给朋友，他就知道朋友很重要。同理，如果你是打给父母，他就知道父母很重要，不必刻意教他，他脑子会记得清清楚楚。

所以你多往来，多关心，跟住在一起虽然不一样，但还是可以发挥很实质的效应。如果做子女的礼拜天要出去，不能到礼拜天早上才跟爸爸妈妈讲要去哪里，大概在两三天前就该讲，让父母心里有个准备，父母就不会突然间觉得你怎么又要出门，这种教育叫作身教，比你讲一百个道理都要管用。因为中国人是彼此关心的民族，你不关心，嘴巴再甜也是虚情假意；你不关心，再有礼貌也很虚伪，礼多必诈，这些都是外国人怎么拼命都学不懂的。但是我要提醒大家，现在的媒界，越来越多的年轻人，所讲的内容也越来越西方化，尤其是那些在媒体上教英语的人，我们要特别小心，因为他讲的都是符合外国人那套的。比如他们说有话要讲出来，这就是美国人，不是中国人。假如两个小孩，其中一个敢对着妈妈说“你是个坏妈妈”这句话，你听到会有什么感觉？外国人就是如此。可是另外一个小孩他不会说，他只是哭而已，心里头想“你是坏妈妈”，你的感觉怎么样？是不是比较聪明？我有时候会去看电视，外国人教英文的时候还会教一些东西，比如教你以后不要忍啊，要说出来。这不是中国文化，在中国，会忍的人永远是占便宜的。西方人不同，他听到那些话不会觉得很坏，也不会觉得那些话对他很刺激。

在中国，如果你跟你的朋友讲，“我们到此为止，以后你也不要找我”，你试试看，你能讲才怪。我们是彼此关心的，你心中有我，我心中有你，所以我们的家庭教育，如果教导小孩心中没有父母，那你的小孩出去，你的眼睛就看不到他，你只能用心去管他，因为人看不见，嘴巴管不了，他一旦心中完全没有父母，出去之后什么都可以做。马上有人会说，现在一切都变了，我告诉你，千万千万记住一句话，生活的方式是可以变的，生活的法则是绝对不能变的，变和不变就是这么简单，就和你今天穿西装跟穿中装，或是穿苗族的衣服没什么不一样，穿什么，不在乎，重要的是你怎么穿，那是不能变的。这就是有的可以变，有的不能变，孝顺可以变吗？如果你的子女不孝顺，你生他干吗？你看现在越来越多的人不想生小孩就是担心小孩不孝顺。我的老师80多岁，他前几天告诉我，他没有生小孩，然后领养了一个小孩，他全心全意照顾那个孩子，在他身上花了很多很多钱，他都不在乎，因为既然领养了人家就要好好教人家，结果那个孩子拿到博士学位，待在了美国，他到美国去看他，还带了很多礼物去，他的儿子就带他去博物院参观，门票两元五角钱，那个儿子在掏那两元五角钱的时候还说怎么这么贵，他说从此再也不到美国去看儿子，他心里头已经没有这个儿子了。

> 千万千万记住一句话，生活的方式是可以变的，生活的法则是绝对不能变的，变和不变就是这么简单。

所以孩子花钱再多也不能当着你的父母面讲这样的话，何况两元五角钱还算贵吗？这种生活的法则不管你到哪里都是不能变的，生活方式同你要开车、要坐车、要走路是一样的，这没有什么不同，就是交通工具不同而已。所以现在的人脑筋很不清楚，要变就什么都在变，不变就什么都不变，这是笑话。

生活的方式可以变，一家人不一定要三代人同住在一个屋子里面，你住在附近也可以，哪怕住远一点都无所谓，因为人的身体有距离，心与心是没有距离的。有人认为父母已经过世，跟自己没有关系了，从此不来往了，事实并不如此。就像我父母都过世了，但是我会经常想到他们，他们永远跟我在一起，没有距离。所以大家要选择走哪一条路，我们是尊重各位的，但是我们今天要讲的，大家不要认为我们在讲中国的老一套，我们是在讲对人最自然、最有好处的一种生活方式。**时代再怎么变，对人类最有利的生活法则从古到今都没有变。**

传承文化

养福四部曲，教你养出有福气的娃

我觉得把三代同堂的真正重大的意义再说清楚一点儿是非常必要的，因为如果三代同堂只是一个形式，只是大家互相合作，我觉得也不一定值得我们那么用心去维护它，所以三代同堂最重要的意义是要把我们的生活跟我们最希望的福气挂钩。

我们今天是国际化的时代。我们要有国际观，所以我们真的要跳出自己所在的地方放眼全世界，好好去看一看。中国人最重视福气，而且中国人最有福气，因为有很多民族根本不懂什么叫作福气，中华民族最重视福气，所以我们很会把福气安排得好好的。你看我们家里面的门上，最喜欢把一个大的福字挂在上面，有时候倒过来，叫作福气到了，如果福气到了我们家，那我们一家人都很愉快。中国人在这方面得天独厚，你看我们把老天叫作老天爷，老天爷最重要就是带给我们很多享用不完的福气，你看没有老天，会下雨吗？雨会给我们带来很多福气，所以中国人把水变成财，水就是从雨而来。

所以我们对福气很懂得珍惜，大家一定要看看我们的安排，比如我们的家庭教育，教育小孩子要惜福：你这辈子会有一个很好的人生，你会在我们家出生，你会碰到这样的祖父母跟父母，这是你的福气，所以你要爱惜这份福气，成年的时候你就要去造福。所以我们今天出去工作的人都叫作造福乡里、造福社会，就是这个道理。我们工作不全是为了赚钱，这只是一部分功能而已，如果你抱着赚钱的心态去工作，你就会觉得工作很苦，你还会觉得赚的钱很少，而且你不太懂得什么叫作金钱的价值。对于中国人来说，出去工作是去造福别人，造福别人就是造福自己，然后到了老年，才有足够的福可以享受。所以中国人只有老年才会享福，但是我们也劝你最好不要把福气享光，你要积一点儿给你的子孙，这样大家才可以了解中国人很多观念其实都是从福气来的。我们从小到老都沾了很多的福气，我们的所作所为都跟福气相关，这种文化也是西方人不了解的，所以如果我们跟西方人讲这些，他会觉得我们把调子拉太高了，我们也觉得有点对牛弹琴的味道，因为他们没有这种概念，就像在美国生活，父母把一生的福都提前在小孩子出生的时候享光了，所以到了中年他就要很辛苦地去奋斗。

> 对于中国人来说，出去工作是去造福别人，造福别人就是造福自己，然后到了老年，才有足够的福可以享受。

三代同堂是福气的一个体现，小时候父母告诉孩子，用东西要节俭，不要浪费，就是惜福。美国小孩子洗了手以后要用很多纸巾将手擦干，然后一大堆都丢掉，这会有福气吗？如果我看到哪个中国小孩这样，我就知道这个人长大非做乞丐不可，因为你的福气都被你消耗光了。美国人是全世界最浪费资源的，但是有些人一直很羡慕美国人的生活，就是因为我们的福气观念已经没有了。当然，我们也不必像有些家庭，有些中国家庭的父母到了美国，他教小孩一张纸要撕成四部分，这样叫吝啬，这也不好，你可以买那种小张的纸，每次教小孩好好撕，撕一张，好好用，还可利用废纸把桌子擦一擦，物尽其用，才丢掉，这同样是惜福。现在有些父母都是带着小孩去吃自助餐，一夹一大堆，也吃不完，等孩子长大以后身体也坏了，心也邪了，福气也跑光了。所以我们从小就要培养孩子好的习惯，让他惜福。如果小孩太小，不懂什么叫作惜福，也不懂得什么叫作习惯，大人就要做给他看，比如大人自己撕纸的时候好好撕，不要一大堆用完，啪一下就扔掉，小孩子看在眼里，你这样做他就会跟着这样做，然后他的福气很快就没了。老实讲你让小孩享福他也不懂什么叫享福，你到美国去看，小孩的玩具堆满了房间，小孩还是没有兴趣，因为玩具是新鲜的时候好玩儿，过一阵子他就不玩了，有10个玩具他也只能玩一样，那你买那么多干什么？所以我一点儿也不羡慕这个东西。

我的第三代都在美国，他们的父母就是我的子女，孩子买一个玩具之前，要先问父母可不可以买，父母说可以买，孩子才可以考虑，父母说不能买，孩子就不能买，哪有孩子喜欢什么就是什么的？**我们家庭教育是教孩子有福气，不是教他把福气散光；**西方人是没有福气的，它是努力努力、战斗战斗。我最近也听到很多人跟我讲，人们是要求生存，求生存是24小时不休息，我觉得这个人的命太苦了，中国人求生存不需要那么紧张，不然5000年怎么活下来？父母要趁着自己年轻力壮的时候，多多参与工作，多多造福社会，然后你的福气就会留下来，你将来老的时候就可以享用，你年轻时没有贡献，你年老的时候就没有福气可享，因为人家心里头没有你的存在。

你看很多老人家，他没有子女照样也有很多朋友照顾他，因为他年轻的时候到处去结交很多朋友。如果你年轻的时候好吃懒做，老想抢人家东西，你根本没有福气，你到老了之后孤苦伶仃坐在那里，人家同情你也没有用。所以记住，工作是为了造福，造福乡里，而造福乡里就是造福自己，你没有什么吃亏的，很多人说累得要死，这些人应该改变观念，你今天造了很多福回来，你福气就多了，这才对。

> 所以记住，工作是为了造福，造福乡里，而造福乡里就是造福自己，你没有什么吃亏的。

原本我们一生都在享福，一生都跟福气有关联。但是很可惜，现在我们所谓的现代化的家庭，所谓新式的家庭都在告诉我们这是老一套，那些有新潮等时尚思想的人都受了美国的影响，而美国是全世界公认的儿童的天堂、成人的战场、老人的坟场。你到美国的公园去看一看，只要你肯跟在那里的老先生老太太说话，他们会非常喜悦，会很感谢你，还会跟你滔滔不绝，因为整天没有人跟他们说话。你愿意做这样的老人吗？一个人老了，很孤独地面对悲伤，这是人的生活吗？这种原本是美国式的家庭生活，但是已经很不幸地变成我们新时代、新家庭的样板。他们只有努力奋斗，没有什么福气，所以你问他们，你为什么可以赚到这么多钱？他会回答你因为他努力。你问中国人怎么赚了那么多钱，他会说，没有，托你的福，你看我们都是托人家的福。

所以一个人越说自己努力，这个人越是命苦。总是觉得生存要挣扎，这个人就是一个没有福气的人。所以现在大家说减肥减肥，合理地控制体重是值得提倡的，但减到骨瘦如柴，这种人有什么福气？就是因为他们的脑海里面没有福气的观念，所以才会有那种观念出来，本来很有福气，最后福气都跑光了。

习惯养成

养成这几个习惯，福气越攒越多

子女是不懂事的，如果懂事，你没有什么好教的，所以幸亏子女不懂事，你才可以好好把他教成你所希望他成为的那种人，你才有教育的功能，这也叫儿孙自有儿孙福。孩子从小就把一生的福享光了，父母同样有责任。所以在孩子年少无知的时候需要父母的教导，但是长大以后，他要不要去造福社会，他有没有福可以享，他要不要积福给他的子孙，那是他的事，父母要尊重他。

老实讲现在的课本上是没有什么福气的观念的，因为写书的人不懂，教书的也不懂，他只有生活，没有福气。

小孩不懂事，他有福就享光了，这是一定的。你看一杯茶，他喝一口就不喝了，你到外国去看，一罐牛奶，小孩喝一口，觉得不好喝，他就不喝，什么东西拿来吃一点儿就不吃，东西玩一下就不要。这个人长大以后还有福气吗？**家庭比事业还重要，这是我们再三提醒的，**因为你的小孩一生，只有那么几年是童年，父母这几年都不教他，等他长大了，父母就无能为力了。

> 不必看手相，也不必看脸相，看习惯就好，人通过行为表现出来的最真实，嘴巴讲的不一定是真的。

中国人讲得最清楚，3岁看大，6岁看老，一个人6岁就知道他老年有没有福气，因为如果他已经养成很多坏习惯，老年当然没有福气，不必看手相，也不必看脸相，看习惯就好，人通过行为表现出来的最真实，嘴巴讲的不一定是真的。为什么家庭教育重要？因为有时候学校不负责任，那家庭一定要把整个责任承担起来，你推卸不掉，家庭教育就是从小培养孩子爱惜福气的好习惯，就这么简单。有的父母要出去造福，又想叫孩子惜福，怎么办？那就委托自己的老爸老妈帮帮忙，因为小孩最需要的就是这个时候有人陪着他。可是你要把父母当父母，他们才会把你的子女当作他们的孙子，你如果不把父母当父母，父母心里想：我这么老了，还做你的用人，想都别想。现在的祖父母是不想当祖父母的。你看现在很多人都是这样，怀孕的时候就想到妈妈了，希望妈妈来照顾自己，妈妈来了，孩子满月了就跟妈妈说再见，就这么回事。那他们当这个祖父母干吗？成了你们小家庭的用人。

这就是整个社会已经没有福气的表现。你看我们同样是抱孙子，感觉就是不一样，这个孙子心目当中有你存在，你抱他的时候不会觉得重，你会觉得他很可爱，可是当你发现他心目当中根本没有你的时候，你抱他时你会觉得很重，那你就没有什么爱心，完全变成义务、责任。西方人都是讲责任、讲义务，更妙的是还讲权利，可是你有什么权利？所以我们今天教小孩真的不会教，有的父母说孩子是家庭的一分子，扫地是他要尽的责任，他心里想：你们讲这些来压我，那爸爸为什么不扫地呢？他没有责任吗？孩子会反问，因为他也有思想。

所以我会问孩子："家里那么多事情，你喜欢做哪个？"他说他喜欢扫地，我说："你现在还不会扫，要多学习才会扫。"他就会很有兴趣要来扫地。我们现在总是学西方那一套，最后是没有用的，这很可怜。就像我不能跟我家老大讲：你是哥哥，所以护弟弟是你的责任。他就会觉得：我做哥哥真倒霉，我还要爱护弟弟。所以也要在乎老大的想法。像这些都是讲了几百年的事情，可惜我们一错再错。

祖父母是及时伸出援手，也可以什么都不管，那么三代人到底是什么样的关系？是互惠——你帮我忙，我帮你忙，你心中有我，我心中有你，这样大家都很愉快。我们现在不是，现在有些人很喜欢讲那种非常不合人性的话，还觉得自己很新潮。现在有一种风气就是：别人不敢讲的我敢讲，好像我就很神气，其实这是在破坏人性而已，就像有人说三代人就是彼此互相利用的关系，孩子利用老爸老妈的资源，将来孩子的小孩长大以后，他便利用自己的小孩，你为什么要讲这种话？你是把自己矮化，把自己丑化，弄得自己不像个人。还有人说这是新潮，是敢创新，那这个时代还有什么希望？我们是互相帮忙，你支援我，我支援你，你能做的你多做一点，我心里有数；我能做的，我会多做一点，我绝不抱怨，这样才对。

父母想到把子女委托给别人的时候就应该想到你所委托的人是比你强还是比你弱。母亲把小孩生下来，请一个比自己强的幼教专家来教，而他既然是幼教专家，他就开始要报酬，你今天给他3万元，他觉得很够，但是明天他就会觉得不够，而且这毕竟不是他的小孩子，他的忍耐很有限度，你看现在我们有录像的机器，就可以录出来，因为小孩会闹，所以有些托儿所为了让孩子乖乖地睡觉，长期给小孩吃安眠药，所以孩子回家你觉得小孩很吵，觉得他活蹦乱跳，但是你就没有想他这是睡了一整天的结果，你反而觉得没什么，这不是很愚昧吗？

中国历史上任何一个家族，能够兴旺几百年的很少，但是也有的家族一兴旺就是几百年，靠的就是家庭教育。我们要把福气做大，家族就可以发达很久，如果只有一点点福气，到了第三代就垮了，那后面的人就比较倒霉。一个小孩生在这家，眼看着祖父母和父母把福气享光了以后，他就知道自己再怎么努力也没有用。所以我们只要有福气的观念，就会知道家庭教育就是福气的传承，那你的小孩从小也就知道，要爱惜福气，福气一享尽就没了。西方人是没有这些观念的，你看西方没有一本书是讲福气的，它是讲努力，努力是很辛苦的。为了福气而努力，不会觉得辛苦；为了努力而努力，有的父母为了子女，总觉得他在赚钱，所以累到最后真的累死了，就是他不懂得什么叫福气。如果他觉得这个跟钱没关系，有人就觉得中国人不讲真话，其实错了，中国人是心里头不会想而已，一天到晚想钱的人永远赚不到钱，不想钱的人，钱随时都可以进来，大家可以去试试。

我们只要想自己在替人家做事，就会觉得很累，但是我们如果想的是在替自己做事，替自己造福，有这个机会很难得，要好好做，这样才不会累到哪里去。**当你想累的时候你就很累，当你想不累的时候，你就真的不累，这叫心想事成**。我们现在不是，很多人偏偏喜欢钻牛角尖，总是说：哎呀，我这个小孩将来长大要干什么？整天想这个，你越想他好，他越不会好。其实你不用去想就行，你的责任只是把他抚养长大，养成好习惯，将来怎么样是他自己的事，他这辈子有多大福气就是多大福气，你可以给他的也只能是一部分，你没有办法全部包揽。所以我们今天讲到三代同堂，我们不要去讲什么责任、义务、权利的问题，那是西方人的思想，我们只讲一个福气，家里的福气是否越来越多，不是说到处贴满福就是福，**福是靠自己创造出来的，靠自己积累起来的，首先就要有造福乡里的观念**。

危害人家的事情绝对不能做，有益大家的事情，能做是你的好机会，是你的荣耀，那你也不必计较，做了，你一定有福报，但是你不能去想它，你一想就表示你动机是有贪念的，人一有贪念就得不到东西，这是大家可以自己去体会的东西。你去造福，福自然会出来；你去求福报，你永远求不到，这样大家才听得懂。

举个例子，当年有一个皇帝，他盖了很多庙，然后达摩来了，这个皇帝就跟达摩说："你看我盖了很多庙，我有很多福气吧？"达摩说："你没有福，因为你没有造福。"

所以我们也是一样，如果脑子里面都想：我要福报、我要福报，你就没有福报，因为动机不善。我们家人相处没有利害关系，一有利害关系，动机就不对，就不叫一家人。一家人也没有权利、义务、责任，只是谁能做谁就多做一点，大家为家庭把福气做大，这是我们共同的目标，如此而已。现在的教育概论从来没有谈起这个，因为这是中国人自己的宝贝。

第二章　家庭教育的正确方向是什么

父母在孩子很小的时候就规定他要做什么，这是不正确的，父母只能要求他正常地发展，这是可以做的，要把这些稍微区分一下，不要给自己制造烦恼，这才是家庭教育一个很正确的方向。

亲子关系

做好这四件事，养出独立有爱的孩子

很多人说做父母很难，家庭教育很复杂，我们不是专职的父母，我们还要生活，还有事情要做，哪里能够花那么多心思、花那么多时间在家庭教育上面？这些话都是实话，家庭教育很重要，但是我们没有办法全心全意只做这件事情，那怎么办？

大家只要记住一句话，自然会化解掉，家庭教育其实只做四件事，只要把这四件事情做好，你就没事了。

第一件事是父母替子女做些什么事情。这很重要，因为孩子一生下来，父母就会把孩子放在身边，父母如果不管他们，他们就活不了，这是人跟其他动物最大的不同之处。我们知道除了人以外，动物一出生就能走，就算它父母跑掉，它也能活，人就不行。你看孩子1岁以前，父母不管他，他只有死路一条，所以父母一定要替他做些事情。

第二件事是父母在帮他做的同时也要教他做些事情。很多小孩长到很大，很多事情还不会做，就是因为父母一味替他做，他就永远不会做，所以你替他做，等到差不多的时候就教他做，接着让他自己做，他就慢慢会做了。

第三件事是父母陪孩子做一些事情。有时候小孩只需要你陪，他不让你做任何事的。你看他一个人在玩积木的时候很有兴趣，你去了说这个不行、那个不行，他会说：我干脆不玩了。因为他觉得你在干预他。你管他那么多干什么？你在旁边陪着，他就很高兴，他自己会学习。

第四件事是你让他做些什么。小孩不会百分之百受你的控制。如果他样样都照你说的做，那么他将来长大就是很典型的奴才，你希望你的子女是奴才吗？你干吗要他百依百顺？有些地方他要自己做主张，你就让他自己做主张就好了。

所以你替他做些什么、你教他做些什么、你陪他做些什么，最后你让他做些什么就是这四件事情。

我们建议做父母的，要把你的子女当作人来看。因为我发现有太多的父母不把子女当人看，小孩子懂什么？父母有个很大的毛病，就是认为小孩子的事情不值得大人操心，认为小孩子的事情没有一样是重要的，这就是忽略掉子女是个活生生的人，所以我建议大家，只要你不认为你生下来的是妖怪，是怪胎，他就是个人，不管他长成什么样，你不得不承认他是个人。是人就有些需求，你看小孩子第一件事就是哭，为什么要哭？要回答这个问题很简单，你就倒过来想，小孩子如果不会哭就活不了了。你看小孩不哭，你就认为他没事，你就去忙你的，所以他饿死了你都不知道，小孩会哭，这是他生存的武器，他不能讲话，只有用哭来表示他的需要。

小孩子不会讲话，没有动作，他就用哭来吸引你的注意，你就开始照顾他，这都是事实。这时候也是孩子开始想要控制你了。**人与人之间，只要你心中有他，你心里就多少想控制他一点儿，这是事实**，夫妻彼此要控制，父子彼此要控制，互相帮忙是一面，互相控制又是另外一面，互相控制只要合理，没有什么不好，如果你的儿子做什么你都不在乎，你都不管他，没有这样的父母。别人的儿子要怎么样，那是别人的事；自己的儿子，就是不可以。我们常有这种想法：因为这是我的儿子，所以我不能不限制他。不要把限制看成是坏事情，千万不要觉得西方人很自由，西方人教小孩也是很严格的，西方的妈妈对小孩最常用的一句话就是不要做这种事，这就是限制孩子。不是孩子做什么都无所谓，那就不是你的子女了。

因此，他有他的需求，他不会说话，他就可以哭，父母就要去帮他解决问题，看看他的尿片是不是湿的，想想是不是好久没有给他吃奶，还是他躺久了以后不舒服，要动一动，他总会有问题，这样就对了。

大人不会做的也希望别人帮忙，何况小孩？小孩不会自己冲牛奶，不会自己放尿片，父母就要替他做。其次小孩跟大人的想法是一样的，他不会做的，需要你的帮助，他会做的就不想人家插手。

我们喜欢对自己有帮助的教导，我们不喜欢听大道理，所以如果父母经常讲大道理，你的子女就会把你的话当耳边风，要小心，偶尔讲一点，他会注意听，不要长篇大论，不然你不是个好父母。家里不是学校，你不是老师。要不然什么叫家庭教育？而学校教育是另外一套。

对于小孩过分热心，会变成一种障碍，大家有没有发现？大人有时候也是过分热心，引得人家很讨厌，比如你跟你的上司在一起，当你提醒他，这件事你不要向领导报告一下吗？他的心里就觉得很好笑，我几岁了，我那么不懂事吗？还要你教？其实，这就是你做错了。对待小孩子也是这个道理，既然把他当作一个人看，他就是个小大人，所谓小大人跟大人还是不一样的，他的表达方式没有大人这么细腻，没有大人这么复杂，但是我希望大家了解，小孩子非常懂事，他只是不会用大人的那种反应，他不是不懂，只是你觉得他不懂而已，对于你在想什么，你为什么做事情，他都知道，你最好有这样的心理准备。

所以当父母替孩子做事的时候，应该怎么办？比如你给小孩换尿片，你随便弄弄，他心里就知道，你是心不甘情不愿的，你把他当作一种责任，当作一种义务，好像他是你的累赘，他这时候没有讲是因为他不会讲，而他心里头会想：等我长大以后你就知道了。所以父母去给小孩换尿片的时候要跟他讲话，陪他聊聊天。很多人跟我说，小孩不会听，我说，“你怎么知道他不会听呢？他只是不会讲而已，他什么话都会听的，你说他尿片湿了，你没有注意到，马上帮他换，换完了就舒服了，你看看他的感觉怎么样，他就知道你在帮他换，他将来长大也帮你换，你对他好，他将来也对你好，你为什么不去注意这些事情？”所以同样是花时间做事，结果是完全不同的。

其实小孩子的脑部是需要经过刺激的，大人越跟他互动，他的大脑将来会越发达、越聪明，你总是让他躺在那里，换尿片就跟机械一样工作，就是你跟他没有互动，他将来长大了就很迟钝，对待很多事情就比较麻木，没什么反应，这都是父母带来的。比如父母帮小孩把尿片拿下来，让他透透气，然后把他的两只手动一动，或让他的脚动一动，做完运动之后就放好，他都懂。所以有的小孩长大以后，他的手脚很灵活，这都是因为父母给他换尿片的时候做了运动，这样不是很愉快，很轻松吗？不要把教养孩子当作一种责任，当作一种义务，当作好像是很头痛、很麻烦的事情。

所以当你替他做事的时候，你要让他感觉到，你很喜欢他，但不是像外国人一样，把“妈妈爱你呀，你好可爱呀！你的手长得很漂亮”等话挂在嘴上，如此教出来的小孩都很表面化，经常是有口无心，中国人不太会讲那种客套话，那不是在帮他成长。

我们现在在电视上看到，一个人明明落选在掉眼泪，还在讲“我永远是最棒的”，那就是一辈子骗自己，那是很可怜的。一个人棒不棒是人家的感觉，但是现在都在说：我永远是最棒的。所以大人讲错话，对小孩有很大的影响，就好像老师教错了，那些受教的人就会很倒霉一样，自己告诉自己永远是最棒的，人家看到都觉得好笑。所以大人跟小孩不要讲那种客套话，因为他是你的小孩。孩子1岁左右就能走路，你要如他所愿。你不能说他干吗搞这么脏，小孩本来就是要父母替他做一些事情的。

高质陪伴

按阶段这样教育孩子，才叫高质量的陪伴

父母教孩子，要看他的年龄，看他成长的速度，每个小孩的生长速度不一样，有的小孩几个月就比较大了，有的小孩几个月还很小，一概而论是不可以的。比如有的孩子7个月的时候他会坐，这是平均速度，你的孩子8个月才会坐，可是这又怎么样呢？别的小孩8个月的时候会爬，你的小孩到8个月还不会爬，那你等第9个月就好了。不过在这里要提醒大家，当你的小孩到了8个月左右开始爬的时候，你要想办法弄一个比较宽敞、安全的地方鼓励他爬，小孩子越爬将来越聪明，你如果只想给他最好的保护，不让他爬，将来他的脑袋就如同木头。所以人要会爬才会健康，我们就是因为长大以后不爬不锻炼，所以才会有胃病，你看动物一辈子爬，它没有胃病，人不经过爬就直立行走，胃压在那里，什么都压在那里，最后什么病都出来了。

但是不要强制孩子爬，他爬累了自己会休息，所以父母就是陪着他，因为每个小孩的体能不一样，发展过程也不一样，他有个别差异，你不要说他不做你就打他。不一定每个人都是一样的，你的小孩是特殊的，但是我们建议大家，当你陪小孩的时候，你不要自己做事情。我发现很多父母都是自己在做事，比如玩电脑之类的，嘴上挂着“我陪你”，这个是你形式上的陪他，实际上没有陪。你陪他就是不做其他事情，只观察他，知道他怎么发育，但是不要干预他，他会感觉到你做的事，他将来长大也这

样陪你；反之父母就比较倒霉，等你生病以后，他就坐在旁边打电脑。

我还提醒大家，人的大脑太早接受电波的刺激，是不会发育好的，所以当小孩的大脑没有长得比较健全之前，不要让他靠近电脑、电视，包括电锅、微波炉，因为这个时期受伤了以后很难恢复，**父母陪孩子要有质量，不是只有数量**。

父母教孩子，要看他是否能够接受，而且不是说一遍就会的，没有哪个孩子是天才。边替他做的同时边教他，让他试一部分，不行你再帮助他，慢慢他就会懂得越多，你替他做的部分就越少，当然这个比例和程度每个人都不一样，父母难就难在这个地方。保留一些给他自己做决定，他将来就会有创造力。至于这个比例如何调整，我们提出的原则叫作适时适度，你要用心去做，你替他做太多，他将来不会独立，依赖性很强。你教他太快，他根本就学不会，导致他不想学，你就惨了。为什么有些小孩不想学？就是父母从小逼他，教一遍他不会就骂，或者说不学就算了，因此再一次强调，陪孩子的时候你就不要做自己的事情，要有实质地陪他，让他感受到。但是要懂得分寸，你让他太多，会宠坏他；你完全不让他，就表示你心目中没有他的存在，他将来就没有自主性，没有创造力，所以难是难在这一部分。

父母在这四部分，你要替他做多少，你要教他做多少，你要陪他多少时间，你让他做的有多少，都是靠自己去拿捏的，因为每个小孩都不一样，不能一概而论。

所以我建议，家庭教育是阶段性的调整，你看孩子1岁以前，什么都不会做，这是让父母体会到：原来我的父母以前替我做了这么多事情，我现在才知道，所以你在替自己的小孩做事的时候，你要想到自己妈妈以前的辛苦，你就是个有福气的人，然后你就会对你的妈妈更孝顺，你的子女会感受到，原来子女要对父母孝顺，他长大就会孝顺你。一个人

> 一个人如果总觉得自己很辛苦，他是没有福气的，因为他不会推己及人。这才是中国人的教育。

如果总觉得自己很辛苦，他是没有福气的，因为他不会推己及人。这才是中国人的教育。

小孩能做的时候，父母就要开始教他做。比如说小孩到了3岁，他马上要去幼稚园了，他在外面不能解决大小便的问题，就变得让人讨厌，因为班级很大，老师不会把每个孩子都照顾得那么周到。这时候父母要在把小孩送到幼稚园去之前做些准备工作，要训练你的小孩，这些事情只有学会自己做，才有资格进学校，才不会惹人家讨厌，这样做就对了，这些道理是很容易理解的。

孩子越长大，越要给他自主权，因为人要自主才有自尊，但是也要提醒大家一句话，我们要叫小孩争气，不然他一辈子没有自主权，因为他什么事都不会做，什么事情都依赖父母、依赖老师、依赖同学，那就完了。

> 我们希望做父母的要记住，你既然能够把他生下来，你就能够把他养大；你既然能够把他养大，你就能够把他教好，就能把他引导到正轨。

我们希望做父母的要记住，你既然能够把他生下来，你就能够把他养大；你既然能够把他养大，你就能够把他教好，就能把他引导到正轨。我想这个道理，越是在农村生活的人越是了解，在都市生活的人好像忘记了。你到农村看看，那些什么文化都没有的人，他有一个说法：我既然把孩子生下来，我一定会把他养下去；我既然把他养大了，我就要教会他做人。但是很少听到都市人这样说的，反而不是埋怨政府没有照顾好，就是埋怨幼稚园办得不好、学校老师不尽责，小孩不听话就骂老师。为什么会这样？就是因为都市人受西方的言论影响比较深，只是给孩子提供物质上的帮助，只是人养而已，所以就是把他生下来叫作人生，父母给他吃饱了叫作人养，这与养动物一样，有时候，有的人养一条狗，比养小孩还认真。我们要使小孩懂得是非，这是人教，就是教他哪些是可以做的、哪些是不能做的，不是他的东西不要乱动，给他的东西要放在固定的位置，简单明了。没有让父母教他做算数、做语文、讲英语，家庭教育不要教这些。**以身作则，才能够把子女引**

上正道，就这么简单。

提前学习，提早教育，这个观念是没有错的，但不是提前让孩子学英语、拉小提琴，而是提前养成孩子生活的技能以及生活的习惯。我们现在不是，有些人认为所谓提前教育就是学英语、拉小提琴，孩子3岁就要会打网球，那这个小孩完全没有童年，很可怜。所以一个小孩子从小没有玩过弹珠，从小没有在地上爬过，对他是很大的损失，因为这是人生必经的过程。提前教育是说父母不要认为小孩不懂而不教他，其实他一出生就懂，他就有受教育的能力，父母不要错过，而且那是学习能力很强的一段时间。你看父母经常跟小孩互动，经常跟他说话，这个小孩子将来长到两三岁以后，他的表达能力就比较好，他对事情做出的反应就比较正确，这都是提前学习的成效。**提前学习指的是生活技能、生活习惯，不是那些赚钱谋生的习惯，**很多父母很喜欢把小孩送去学小提琴，然后让他表演一个看看，然后大家一鼓掌，父母就觉得很有面子，这个小孩就很可怜，因为这是马戏团里面的熊，表演过几次就不表演了，连动物都会拒绝，何况是人呢！所以我们人生，其实没有几个道理，那些道理都很简单，问题是我们现在总是要去听那些很复杂的道理，不能体会很简单的道理。

孩子角色

独生子女优势大还是劣势大？很多专家都说错了

很多人跟我讲，现在我们只生一个小孩，独生子女是很难教的，我就问他，独生子女有什么难教的？他说：“你看，他们娇生惯养，他们很自私，他们过分依赖，他们适应不了社会。”真的是这样吗？我想不是的，他说：“你可以去看看书本上多半是这样写的。”我说：“那是以前的书，你去看看比较新的心理学的书，它会告诉你，以前我们对独生子女这些统统是偏见。”我们自认为一定是这样，实际上你从实证上看，它并不是这样，所以今天要谈一谈，独生子女到底有没有先天的缺点。

其实独生子女并没有先天的优劣，他跟普通家庭里面的几个小孩其实是一样的，我们首先不要对独生子女产生偏见，那会影响到我们整个的家庭教育，你家里面如果就一个孩子，不管是男生还是女生，最后你都会想带他去跟他的同龄人来往一下，可是在家里，看来看去，都是比他大的人，出去看才有跟他同龄的人，他也会有兴趣。而外面的那些人是不会让着他的，不会把他当成兄弟姐妹，不会迁就他，所以只要跟他们好好相处，他长大了人缘就好，这是事实。

因为他跟同龄人交往的机会比较少，而且阻碍比较大，所以他就会从心里头感觉，这个很难得，感觉到有一丝很可贵的地方，这不是很好吗？你看那些兄弟姐妹很多的小孩，他们都很随便，因为他们彼此嫉妒，彼此是对抗的，是不和谐的。比如哥哥老觉得妈妈偏心，把好东西都先给弟弟吃，其实妈妈有时候是先照顾小的，然后再照顾大的，哥哥就很不以为然，有了弟弟就没有哥哥，所以兄弟之间经常是嫉妒的，只是我们不方便说出来而已。所以有时候兄弟阋于墙起来，会比朋友翻脸还可怕，就是因为长期的压抑，尤其是我们以前总是觉得哥哥应该让着弟弟，哥哥就想：我为什么要让着弟弟？我大应该吃得多，为什么要我让他呢？很多事情，我们以前都是一厢情愿，兄弟姐妹多的孩子人缘会比较好，跟人互动的孩子经验比较丰富，其实各有利弊。现在的人最大的问题就是寂寞，信息时代，人类最大的苦恼，很多人认为是忙碌，其实不是，忙起来时间反而好过，很多人一离休就没有事干，也没有人跟他讲话，所以他很寂寞。很多事情都是因为寂寞所造成的。你看很多人离休以前没生病，一离休就生病，就是因为没事干，无法排解时间。比如你从小兄弟姐妹很多，你将来出去以后就格外地寂寞，而独生子女从小身边没有同龄人，所以他会想象：假如自己现在有个伴，不想的话就不会有寂寞，因为没有什么观念。然后就去看书，看书就很好，相反是有了兄弟姐妹，有人逗他一下，打他一下，抢他一块糖，他会很有乐趣，他就不想看书。

人是有热闹才会有寂寞，如果没有热闹，他怎么会寂寞呢？因为我们曾经很热闹过，现在就觉得很寂寞，因为他从小就没有经历过那种很热闹的场面，他就不会感觉到寂寞。所以独生子女发挥内在潜力的概率比较大，他的创造性比较强，他喜欢动脑筋，他喜欢自己做，他能创作，会表演。

你看家庭里小孩子多的，他们只想抢东西，因为同样的东西父母不可能给每个人买一个，然后有的孩子就偷偷摸摸地把它据为己有，生怕兄弟姐妹来抢，他们会花很多心思在这上面，内在的潜力就发挥不出来。所以独生子女将来技艺学得比较好，因为他不会老花心思跟人家抢，他会花心思在学习上面，他很专心。

更妙的是父母是独生子女专有的，所以我希望做父母的，也要做好心理辅导，如果小孩子问你，为什么他没有妹妹，为什么他没有弟弟，他什么时候能有个弟弟，父母亲不要说孩子不懂，没有他们的事，这就是不把他当人看。你总要给他一个答案，你可以说：因为我们太疼你，所以我们不想再生了，我们照顾你，不要有小弟弟小妹妹来分，他就知道了，你不要告诉他以前政府规定，只能生一个，你跟他讲这些干什么？他没有办法理解这些事情。

以前一家有那么多孩子是时代不同造就的，如果中国没有那么多人的话，我们已经被世界列强瓜分掉了，我们当初就是靠着人多，没有办法，但是现在我们不同了，每个时代有每个时代的人口政策，这不是谁对谁错的问题。所以**我们不能用现在的标准来衡量过去，也不能用过去的标准来衡量现在，这才叫现代化**。当我们武力不够强的时候，当我们科学不够发达的时候，如果人再少下去的话，再高的智慧都没用，印第安人便是如此。所以不要用现在来检讨过去，人多很重要，是时代不同造成的。

我们现在也不要说到底是生多好，还是生少好，那不是我们的事情，人口政策是国家的事情，不是家庭的事情，生一个有生一个的教养方法，生很多有生很多的教养方法，这样想就对了。

父母生一个孩子也不要把他当独生子女看，如果父母总是觉得他将来不成才，他就真的不成才。所以父母要告诉孩子：我们疼你，我们专心照顾你就好了，你要好好在家里面，把人做好，我们就心满意足了，你想要妹妹，你把隔壁的小女孩当妹妹照顾就好了，有时候就跟他们来往一下，你把她当妹妹，她就把你当哥哥，这样更扩大了孩子交友的范围。以前父母总是觉得，只有自己的儿子才是宝贝，别人的都不是。真正有爱心的父母，是把所有的小孩都当作自己的小孩，而不是只照顾自己的小孩。但是换个角度，以前是没有办法，每个父母有五六个小孩，所以自己的都照顾不过来，也就没有办法去照顾别人的小孩，那是不得已，现在不一样，你只有一个，别人也只有一个，你小孩是宝贝，别人家的小孩也是宝贝，那就让他们好好互动。有时候你照顾别人家的小孩，有时候别人家照顾你的

> 真正有爱心的父母，是把所有的小孩都当作自己的小孩，而不是只照顾自己的小孩。

小孩，这不是更幸福、更有福气吗？所以你要告诉自己的小孩，他有弟弟妹妹有弟弟妹妹的好处，但是也有弟弟妹妹的坏处，没有弟弟妹妹，也可以跟同年龄的人产生一种很好的友谊，这样的感情跟兄弟是一样的，兄弟很多会吵架的，兄弟也有很多关系好的，他跟隔壁的小孩可以相处得很好，也可以相处得很坏，这要靠他自己去琢磨，他的心理就会很正常。

每一个时代有每一个时代的做法，每一个国家有每一个国家不一样的地方，当一个国家的老百姓都不想生小孩的时候，这个国家就开始鼓励大家多生小孩，这是必然的，要不然就没有人了。当一个民族人太多，养都养不活的时候，国家政策一定要求你要少生，我觉得这是很正确的，你干吗怀疑这些事情呢！你看一个小孩子，他可以跟父母有更长的时间相处，这不是很好吗？

父母的错误期待将阻碍孩子成为人生赢家

独生子女的学习能力很强，他跟大人互动得越多，他的智力会越发展，他的社交能力也会发展得比较好，因为他从小就跟大人在一起，他很快就学会了大人那一套，我们把它叫作家庭社会化，你看在兄弟姐妹众多的情况下，为什么我们很同情老幺，就是老幺永远长不大，什么事情哥哥姐姐都给他做了，他永远学不到东西。但是这些孩子从小就跟大人互动，增加跟大人在一起的机会，很快就能学到成年人的行为、成年人的态度，他们会成熟得早一点，有什么不好？

但是我们希望大家不要把你的希望都寄托在这个唯一的小孩子身上，他的负担太重了，比如以前我有好几个兄弟，哥哥不行，我们会希望弟弟行，弟弟不行我们希望妹妹行，父母还好受一点，现在呢？独生子女家庭两代四个老人家，所有的希望都集中在一个小孩子身上，他受不了，不要这样。

其实独生子女也有很大的压力，我们应该多多体谅他们，不要把两家的希望都放在他身上，我要对此提出很严重的警告，他最后会有一种心理，就是追求失败、拒绝成功，因为成功的前提是他要负很大责任，他干脆失败算了，这是父母要小心的，不过很多结果其实也都是被父母逼出来的。**父母的关爱不能超过限度，**你集中太多的希望，集中太多的梦想，最后都会泡汤，因为他盲目地抗拒，他会从心里头反抗，对父母的要求会全盘不认可，那你是在害你自己，也是在害你的小孩。

现在这个时代，人口已经太多了，你看全球有70亿人，每天吃的用的也会有很多，快要把地球上的资源耗光了，在这样的情况下，我们还盲目地要把人口增加，那是跟人类过不去。既然我们要优生，我们要少生，我们就要了解独生子女有什么特性，我们好好把他教出来，利用他的优点来发挥，而不是整天看他的缺点。因为你看他的缺点，又不能帮他补救，那你就有苦恼，何况独生子女没有先天的好坏，完全看你怎么合理地去教导他。

> 独生子女没有先天的好坏，完全看你怎么合理地去教导他。

我们有几个建议。第一个，你要常常制造他跟同年龄孩子互动的机会，给他一个童年的经验，这个很重要，不要说你们家只有两个老的、两个成年人、一个小娃娃，没有办法，对他来讲是不公平的，因为他等于没有童年，你把他带出去，去朋友家拜访，他们当中会有和他同年龄的孩子，不管他们懂事不懂事，让他们互动互动，最起码他知道，原来还有人跟他是差不多的，父母要给孩子这种经验。

然后他自己就会摸索，怎么样跟外面的人来往，这对他来讲很重要，每一个阶段他都会有不同的朋友，然后有不同的经验，这是父母要做的事情。

第二个，父母要让孩子的心理很正常地发展，不要总在他面前发牢骚，说独生子女就是这么依赖、独生子女就是这么自私，这等于父母一方面暗示他要这样做，一方面承认他就应该这样做，最后他认为这样做是对的，不是很糟糕吗？所以有时候，我们一切一切的错误，大家仔细去追究起来，都是父母所造成的，小孩子什么都不懂，你给他什么样的印象，他就会有什么样的观念，你一开始就说这样不对那样不对，他就觉得：我怎么样都不对。那不是更糟糕吗？我们也不是给他鼓励说独生子更好、独生子可爱，那是形式，讲了半天等于没讲，最可怕的就是在孩子很小的时候告诉他，他是最棒的。他会一辈子苦恼，因为他不可能是最棒的。人是各有所长，没有说哪一个人最棒，个子高有个子高的好处，也有它的坏处；反应快有反应快的好处，同样也有它的坏处。所以我们是各有所长，各有所短。

凡是机械能力很强的人，他的文字创作能力多半不好。会打篮球的人，你要叫他写字，他也会很痛苦，父母不能要求孩子球打得好，字也要写得好，不可能，你自己也做不到。小孩有的是比较偏文的，有的是比较偏武的，其实小孩很容易看，你看他皮肤长得白白嫩嫩的，你知道，他不可能是什么足球明星，因为他的体能发展一定不怎么行，但是这种小孩比较难带，病痛比较多。你看那皮肤黑黑的、胳膊粗粗的就容易带，能顺利成长，因为他天生这方面就很能干，他生下来就不同。哪有说“我是最棒的”，秦始皇也不敢说他是最棒的，不要有这种想法，你会害他一辈子，他有他的长处，父母辅导他，往这方面去发展：他有他的短处，父母辅导他，尽量把短处减少，只能这样而已。要彻底地改变，这不是教育所能做到的事情。

所以我们希望大家很正确地了解什么叫教育，就是教育是有限度的，如果教育是无限度的，那今天的学问就是孔子他们一家人包办了，你看孔子的儿子是谁，不知道，作为爸爸为什么不能传给自己的儿子？不能就是不能，爸爸是爸爸，儿子是儿子，所以在这种情况之下，我们一定要了解到，大家不一样才是公平的。每一个人都有不同的发展，我们必须要很清楚，天底下需要各色各样的人组合在一起，这个社会才会正常地发展。你看一盆花如果有好几种颜色，我们就觉得很漂亮，如果统统是黑色的，还是有欠缺的；统统是红的，看久了也觉得很腻。这就叫多元。世界是多元的，现代的生物科学家，证明了一件事情，就是物种要多元，世界才会持续地发展。如果你生的几个小孩，每个人都长得一模一样，谁是谁都分不出来，就糟糕了；虽然是兄弟，就是

> 每一个人都有不同的发展，我们必须要很清楚，天底下需要各色各样的人组合在一起，这个社会才会正常地发展。

不一样才好，最起码你还能认得出来。

有这样的一个故事，我有一个朋友，他一回家，他爸爸就跟他讲：“欢迎呀，请坐呀，你要找谁呀？”有没有这样的人？当然有，因为他老了，连自己的家人都忘记了，你说做他的子女，心里有什么感受？你回家连父母都不认识你的时候，你的感受怎么样？但是老人家很多时候，前一天还知道你是谁，第二天就什么都不知道了。我还有一个长辈，他在美国，因为美国人是各住各的，他自己开车去他女儿家里面，一般来讲，15分钟就到了，那一天他自己开车，在路上打电话给她女儿，说“我要回来”，女儿说好啊，15分钟后没有音信，半个小时过去了没有音信，3个小时过去还是没有到，于是女儿赶快报警，结果他开了好几州，把车子开到别的地方去了，他开车之前还知道他要去哪里，车子一发动，他就不知道要去哪里，然后从这一州翻过那一州，停下的地方正好是州界，车子也开到汽油没了，停在那里，他不知道他家在哪里，最后是因为他报了警，警察一看车号，就把他带回来了。

所以我们常常说，小孩是小孩的事，老人是老人的事，成年人是成年人的事，谁都要独立，谁都不要管谁，那将来你老了就是这样，出门之前什么都知道，出去之后就什么都不知道了，这样的人生是我们所要追求的吗？这样的人生是有福气的吗？所以中国人总是说一家人，就是你总有一天会老，你会什么都忘记，小孩子也是这样，你今天怎么样对待他，他将来就会怎么样对待你，你先天就认定独生子女有100个坏处，他就用这100个坏处表现给你看，就证明你讲的是对的，所以说，不要有成见，不要有偏见。时代的要求是要优生，要精兵主义，我们就要把以前的各种成见抛开，好好地教导孩子，让他更有机会扩展他的社交能力，更有机会把他内在的潜力发挥出来，这就叫作精兵，所以**独生子女如果每个都能变成精兵，我们国家就有希望，我们民族一定会兴盛**，如果我们都在发扬独

> 从现在开始，父母要改变自己的观念，好好地对待自己的小孩，把他教导成为正正当当的人，而不是说很出色的人。

生子女自私、依赖、适应不良，那我们就没有未来。从现在开始，父母要改变自己的观念，好好地对待自己的小孩，把他教导成为正正当当的人，而不是说很出色的人。我们现在都是要很出色，他当小偷也很出色，他当赌徒也很出色，他做什么都很出色，但是到时候，父母是很伤心的。所以父母要把他培养成一个很正当的人、品格没有问题的人，这才是我们的目标，不是让他样样赢人家，样样很出色，不一定的。**你的小孩，不一定是天才，但是他可以变成一个很扎实的、一个对社会很有贡献的人**。其实天才有时候跟白痴是一模一样的，所以我希望有些父母可以适当地摒弃这些观念，先把自己端正过来，再要求孩子把品德修养好，要求他实实在在做人，这就可以了。但是父母不能在孩子很小的时候就要求他将来变成姚明第二，十四亿多中国人中才有一个姚明，不是人人都可以变成姚明，而且姚明也有他的痛苦，他不见得很幸福。父母在孩子很小的时候就规定他要做什么，这是不正确的，只能要求他正常地发展，这是可以做的，要把这些稍微区分一下，不要给自己制造烦恼，这才是家庭教育一个很正确的方向。

第三章　父母同子女和谐相处的秘诀是什么

我们一代跟一代有不同的想法，我想这一点，我们必须加以重视，子女想要追求的是他们自己的目标，而不是来完成我们的目标。

目标选择

给孩子最好的礼物，就是激发孩子的内驱力

我们都很庆幸，因为人类是在不断地进步，如果人类越来越往后倒退，我们就觉得很有危机感。我们一代跟一代有不同的想法，我想这一点，我们必须要加以重视，子女想要追求的是他们自己的目标，而不是来完成我们的目标。我们有自己的目标，**我们的目标有没有达成，那是我们的事情，子女的目标有没有达成那是他们的事情**。

我们这一代跟自己的父母所生活的环境，同样有很大的不同。我们的父母从小没有看过电视，可是我们到了中年，甚至在年轻的时候就开始看上了电视，而我们这一代的子女是一出生几乎就跟电视结下了不解之缘。以前哪里有什么手机，现在的小孩一出生，他就能看到手机，他就想去用它。所以每一代人的生活环境是不一样的，每一代有不同的生存目标，这是一个事实存在的东西，我们没有办法否认，每一代人生活的方式不一样，人类才会不断地进步，所以我们应该要尊重子女，让他们自己决定自己的人生方向，我们不要硬性加以规定，但是人免不了会对自己的子女有一些期望，全世界都一样。

举个例子，有年暑假我在美国，就看到美国有一个统计报告说，美国的父母最希望他们的子女做什么事情，有一个优先顺序，排名第一的是希望他的子女长大以后自己创个小事业，自己做一个小老板，他比较可以自

由发挥，收入也比较多一点。他们的第二个希望是子女当医生，因为医生的收入比较高，生活比较好。

第三个也许是大家想象不到的，他们希望自己的子女当老师。有人说，老师有那么好吗？最起码当老师很稳定，大家有没有发现？当时代的环境越稳定的时候，老师是越不受重视的；当时代的环境越不稳定的时候，老师相对的稳定性就引起了大家的注意，这个职业的风险性很小。后面才是希望他的小孩当什么足球教练啊，棒球教练等有专业性质的一种教练。在美国社会，当教练的收入是很高的，我看到一个大学的负责人邀请一个足球教练，那个教练还没有来报到，负责人就已经叫人替他买了一套200万美元的房子，这样你就知道他的收入有多高。紧接着才轮到希望孩子当律师、有专业的工程师之类的。从这个排名的顺序可以看出来，一般的父母，总是希望自己的小孩将来生活稳定且自由一点，自己可以做主，当然我们一直说职业不分贵贱高低，可是我们总希望自己的小孩将来的第一志愿不要填清扫垃圾，这是人一个很大的矛盾点。你看你把你的小孩叫来说："儿子啊，你将来长大想做什么？"他说："清扫垃圾，我想去开垃圾车。"你会说这很好吗？大概不会，那是不是表示职业有贵贱高低呢？所以我们要从实际层面了解，父母对子女多半有一份期待，期待子女比自己生活得更好、更安定、更有发展，这是人之常情。但是我们一定要知道，每一代都不一样，比如说现在年轻人学电脑，他一定觉得学电脑很好、很有前途，可是你会发现现在五六岁的小孩如果学电脑，他一点前途都没有，因为等到他长大以后，全世界的人都懂电脑，那就跟我们识字是一样的。

有一句话大家可以参考，人多的地方不要去，意思就是大家都会的东西你会了就等于不会。

你看在中国，会讲普通话的人有什么稀奇？大家都会讲，可是你在美国，只要你会讲中国话你就了不起，会的人少才稀奇。这就叫物以稀为贵，多了它就便宜了。你看水果，照理说当它盛产的时候，人应该吃当季的，当季的水果对身体最好，但是我们偏不是这样，我们偏找那个很贵的，贵就是少，其实不一定好吃，对身体也不见得是很好的。我想每一个人都要去了解，为什么我们总是找这些矛盾呢？就是因为我们观念不清楚，就认为要给小孩子最好的，但是什么才叫作最好的？有时候学土木专业的工作机会最多，毕业后可以到处盖房子，叫小孩一定要做建筑师的父母就惨了，因为等到他长大以后，所有房子都盖完了，很少人需要盖房子，他就会没有工作。那有人说学科学最好，等到有一天科学家非常多之后，科学也不稀奇，那学什么最好呢？哲学最好，因为搞哲学的人最少，而且它会变动，世界也会变动，一方面很可爱，一方面很可怕，可爱就是人才会进步，可怕就是你经常要做足，你看他拼命地去把理工科学得很好，可是等到他长大以后，都是学文史哲的人很吃香，那他怎么办？因此，我们希望父母干脆在这方面暂时不要去理他比较好，不要去规定你的小孩长大要当医生或其他什么职业。我在台湾就看到有一个人，他才十六七岁的年纪，但是就紧张兮兮的，有一天居然拿他妈妈的口红在家里面的镜子上写了一句话："我要进台大。"原因就是他的父母一天到晚对他说"你要进台大"，他整个人几乎快神经病了，可怜吧！

我们都知道北大很好，我们也都知道清华大学很好，但是你如果规定你的小孩将来非得进北大清华不可，那你的小孩就很惨，他的压力就会非常大，他承受不了就会得神经病。要不要这样？我觉得不需要，但是很遗憾的就是父母常常把自己做不到的事情，都冀望给自己的小孩。你都做不到，却一定要你的小孩来完成你的使命，这不是更不人道吗？所以我们说，父母对小孩应该有期望，因为你关心他，但是要合理。你合理他会接受，你不合理的他不但不会接受，而且还会反抗，甚至他会背道而行。父母对子女实际上只能够寄予品德方面的希望，因为品德是放之四海而皆准的，你可以希望你的小孩将来长大待人很热诚，这个非常合理，因为你跑到全世界任何地方，你对待别人都要热诚，因为你热诚对待他人，他人就会热诚地对待你，你就能够得到好处。你看不起他人，他人一定看不起你，你对他人很冷淡，他人也没有好脸色给你，告诉孩子工作要努力，没有错，但是不要教他卖命。中国人是卖力，绝不卖命，有很多人说“你要卖命啊”，我觉得不需要，命只有一条，你卖掉就没有了，父母还要告诉孩子，要勤俭，为什么？因为一句话讲完了，谁也不能保证什么人一辈子都富有，你看多少人开始非常有钱，但是很快就一贫如洗。

钱是一夜之间就会不见的，那你怎么办呢？有很多人讲，我的小孩我供养得起，其实你供养得起也没有用，因为小孩养成那种过富有生活的习惯之后，再叫他去过穷日子是很难受的。所以我们要他勤俭是对他好，而且一辈子管用。父母告诉孩子要重视健康，做人要分清是非，不要做坏事，要奉公守法；不要违反法律；不要老是跟人家抬杠；不要老是做人家不敢做的事情；不要老是看不惯社会。我们告诉他要关怀亲友，因为这样亲友也会关怀他，他就会得到很多人的帮忙；告诉他单打独斗永远赶不上人家给他帮忙，要包容别人，因为每个人都有缺点，看这个不顺眼，看那个不顺眼，最后他只会连一个朋友也没有；告诉他毒品绝对不能试，因为一旦试了他就跑不掉，然后就会很凄惨，千万不要看人家抽烟，也觉得抽着好玩儿，然后去试，那不是好玩儿的事情，那是危险的，不要占小便宜。我想这些期待都是通用的，而且我相信孩子一辈子都会受益，不会错。我想这些事情你尽管可以放心地去期待你的子女，没有错误。至于说你告诉他读物理最好，还是读英语最重要，我觉得那都是多余的，因为谁也说不准。

> 父母告诉孩子要重视健康，做人要分清是非，不要做坏事，要奉公守法；不要违反法律；不要老是跟人家抬杠；不要老是做人家不敢做的事情；不要老是看不惯社会。

相处法则

与小孩相处，这三条黄金法则要记牢

父母不要勉强自己的子女。我在美国看到我们中国的一些孩子，从小就是被父母灌输要做医生，最后他们真的都做了医生，但是一辈子是很痛苦的。台湾最近有一个很出名的医生，专门治抑郁症，结果自杀了，诊断出来的结果竟然是因为得了抑郁症而自杀，你看这笑话不笑话？很简单，你天天接受别人的忧郁，你不忧郁也变得忧郁了，你勉强你的子女承受太大的压力，你就等于把子女给逼走，逼得远远的，小孩子从小都很喜欢跟父母在一起，可是越长大就越躲着父母，越不想跟父母在一起，家庭就变成权力斗争了，大家怒目相见，一见面就开口骂，这样算什么家庭？这就是因为父母容不得子女是一个独立的个体。其实子女有他们自己的希望和目标，父母应该尊重子女，同样子女也要尊重父母，他们会一生下来就跟父母开条件——你要保证我大学毕业，你要供应我一个月多少零用钱吗？他们没有，父母给他吃什么他就吃什么，他还很尊重父母，那父母为什么不尊重他呢？

世界上有两个大的染缸，一个是家庭，另一个是学校。这两个染缸与我们一生的成长有很大的关系，但是希望大家千万千万记住，家庭所染的是品德方面，不是技能方面，知识跟技能是学校染的，所以学校教育是以技能、知识为重点，它可以为进入社会做准备。而我们家庭是以品德为重点，送一个好的孩子给老师，让这个老师去教他知识跟技能，这样就对了。

父母如果一天到晚教孩子物理，结果他连筷子也不会拿；一天到晚叫他拉小提琴，最后他连自己的被子都不会叠，那他不是错乱掉了？**父母千万千万记住，我们应该做的事情，就是维持家庭和谐、安宁，家人之间都能够相互信任**。虽然很多话在外面不能讲，但是在家里可以讲。我看到很多家庭做得很好，就只是几个简单原则，就是他们家里没有秘密，谁也不要跟谁讲悄悄话，你要么不要讲，要么就大声讲，大家都听得到，我觉得这确实很好。你在外面是不得已，你只好跟人家讲悄悄话，可是孩子在家里要跟妈妈说话的时候，把妈妈拉到旁边去，爸爸就会怀疑你们两个是联合起来要整他，你制造这种不安宁的气氛干什么？要记住，一家人就应该彼此信任，没有看谁比较顺眼，谁看谁比较不顺眼，没有。子女之间没有猜忌，才能相安无事，如果只有一个孩子的家庭，孩子对父母没有隐瞒，他回来后会把在外面发生的事情通通告诉父母，父母才知道他是怎么回事。因为小孩不懂得什么对什么不对，他不讲出来，不经过大人的指点，他永远没有是非的观念。比如小孩回到家很开心地说他在路上捡到100元钱，父母如果说拿来拿来，小孩心里会想，那我捡了半天也没有用；或者父母说交给警察，小孩也会觉得很恐惧。父母的一言一行，对小孩未来的发展都会有很大的影响，所以才要维持家人之间的和谐关系。但是现在有很多人受西方的影响，说人与人要竞争，你看现在夫妻两个人要竞争，爸爸想要得到子女的欢心，妈妈也想要得到子女的重视，这对父母就开始因为竞争而争吵，最后最不安的就是小孩子。我是觉得你如果真的要竞争应该到外面去竞争，没必要同家人竞争。

> 父母的一言一行，对小孩未来的发展都会有很大的影响，所以才要维持家人之间的和谐关系。

其实父母在不好意思问自己的小孩的情况下，可以去问别人的小孩，你问他在家里最怕的是什么事，我保证最多的答案是“我最怕我的父母吵架”。小孩最难过的就是看到父母吵架，但是父母很少想到这件事情，父母吵架，小孩不知道是要帮爸爸忙还是帮妈妈忙，他不知道怎么办，所以他只好装得没有事一样，可是他越是装得没有事，将来越倒霉，他的性格就很冷漠，他就逐渐感觉到很无助、很无奈。这样他还能过正常的日子吗？**我们做父母的，一定要记住，使小孩有温饱、有安全感就够了，再有钱也不要把家里搞得很奢侈**。因为你让你的小孩过很舒服的生活，将来他一旦遭遇到不舒服，他就比任何人更不舒服。

比如你老买名牌给他，将来他就非名牌不可，他一辈子只为了名牌，他要浪费很多的精力，他要比人家承受更多的痛苦，没有必要。能买就买，不能买就不买，这不是什么稀奇的事情，生活太舒适对未来是很不利的。在家里，孩子的地位越高，出去越会感觉到很没有面子，因为外面的人不会把你的小孩当宝贝，只有你才会把你的小孩当宝贝，父母要注意自己的言行，不要去害子女。你看两人结婚之前要去检查一下身体，如果你的确有重大的遗传疾病的话，你干脆不要生小孩，因为小孩的DNA里面会有你的遗传，我们一个人的疾病来自两方面，一个叫先天的遗传，一个叫后天的环境，现在的科学已经讲得很清楚。

父母都有肺病的情况下，生下来的小孩就很危险，叫作高危险群，所以如果检查出父母一身都是病，那就不生小孩，就省掉很多麻烦；如果说原本身体好好的，生了小孩之后染上病，那父母就要特别小心，不要传染给孩子。但是我现在发现很多父母，他咳嗽得要命，也要先把东西含在嘴巴里再喂给他的小孩吃，他没有意识到这是在害他的小孩。尤其是爸爸生病的时候强制要求大家要一起同桌吃饭，我有时候看到就觉得很奇怪，可是做儿子的不能说“爸爸，你咳嗽，你这个饭碗单独自己洗，菜你自己夹一份”。这时候就要父母自己自觉，你把疾病传染给全家人对你有什么好处？但是我发现很多人没有这种自觉。如果发现自己的问题很严重的话，应该要请教一下专家，问问自己到底该怎么办。现在没有，现在很多人都想拉着小孩一起去自杀，这是很不幸的。

父母不能说：我不要活，我小孩也不要活。小孩是小孩，你是你，所以我们讲到这里要很具体地说，不要把你的小孩当作你的生命的延续，他是你生出来的不错，但他是一个独立的个体，他有独立的人格，你一定要尊重他，他一定有自己的选择，你不要勉强他，这才是好父母。你照顾他的身体，要告诉他怎么样才会健康，你要做榜样给他看，告诉他："做人一定要规规矩矩，要实实在在，能够帮别人的一定要热心，别人有什么不对，那是他的事情，你一定要容忍，因为天底下每一个人都有缺点，不可能不做错事。"这是对他好。可是你勉强他考100分，他就会很紧张，要么就是考试作弊，要么就是回家不讲他的成绩，严重的还会告诉同学不要跟自己的爸爸讲，这是必然的后果。造成小孩这种不正常的反应是父母的不对。但是很多人会把自己的心愿寄托在小孩子身上，自己英文不好，非要孩子学好不可；自己数学常常考零分，非要孩子考及格不可，小孩也不好意思讲"我遗传你考零分"。数学不好没什么了不起，英文不好没什么了不起，实际上太多的事情不需要用到数学，太多的工作不需要用到英文，但是所有的工作都要你品德良好，所以我们会把家庭教育界定在品德的陶冶当中，就是这个道理。

约法三章

家长有不同意见，这样做对孩子最好

我们举个例子，三匹马拉同一辆车，各自朝向不同的方向，那它们再怎么努力认真去走最后也不会到达目的地。这样的道理放在家里面也一样，如果父亲有父亲的看法，母亲有母亲的看法，这个小孩就糟糕了，他要听谁的话好？他不知道听谁的话好。所以我们要提醒所有父母，你们不可能意见一样，但是最起码在小孩面前要有一个教养的共识，孩子才有办法去做。可现在一般都是爸爸讲爸爸的、妈妈讲妈妈的，这时候小孩子就很容易投机取巧。

比如同样一个东西，他先跟妈妈讨要，妈妈不给，他就跟爸爸讨要，爸爸就会给他。这件事情妈妈不喜欢，但是爸爸喜欢，他就在爸爸面前去做，妈妈就不敢怎么样。父母从孩子很小的时候就养成他投机取巧的习惯，将来他一辈子都受害，而且我们好不容易把一个小孩教好，因此我们才会想到，父母要联合战线，要站在同一个立场。让小孩知道，爸爸不喜欢，妈妈也不喜欢，无论在哪里试都没有用，最后他只能照父母的意思做。

我们现在很少再说“多子多孙”这句话，因为从历史来看多子多孙不一定就多福，你看有些人养了一大堆孩子最后没有一个有成就的，反而搞得家里一团糟。要求多子多孙其实是一种内心不安的表现，一个内心很安定的人，他连生男生女都不在乎。一个内心很充实的人，他也不会在乎生一个还是生两个，因为都有好处。所以多子多孙不见得是代表好的一面，就是想要多生几个小孩，为了要保证有一个成才的，这也是另外一种不安的表现。父母第一要敞开心胸，完完全全地接纳子女。就算生下来的孩子有6个手指头，父母也要接受；就算他生下来只有一个耳朵，你也要接受；就算生下来一只眼睛已经失明了，你也要高高兴兴去接受，这样就对了。因为你没有资格挑，你没有机会换。

我们换一个观念：人没有十全十美的，每一个孩子有他的长处，也必然有他的缺点，这叫作个别差异。每个人都有不同的地方，父母不能选择子女，因为子女不是商品。所以我不太赞成很多人说“这个子女是我选的”这句话。

> 人没有十全十美的，每一个孩子有他的长处，也必然有他的缺点，这叫作个别差异。

子女有权利选父母，父母没有权利选子女。你看很多人想生男孩，结果生了女孩；有的人很想生女孩，偏偏就生男孩。还有很多人很想生小孩，但就生不出来，这些都有实证。这就证明父母没有权利去选择，但是子女是有资格选择父母的，你看他知道自己选到这样糟糕的父母，他还没有生下来就后悔了，接着他就流产了。或是生下来看到这个父母不对，他觉得自己一辈子完了，他就夭折了。所以从种种迹象我们都可以感觉到父母没有权利选子女，反而子女很有权利选父母，那怎么办？

我们只能敞开心胸，来了就欢迎。怨天尤人，只是跟自己过不去，也会很容易伤害亲子的感情。但是事实上很多父母是一看小孩就生气，一看小孩就觉得讨厌的，这种心态一定要改变。因为你既没有办法选择他，也没有办法拿他去换一个，你只能接受他，这是唯一的一条路。

为什么小孩要长成不一样？就是告诉父母要因材施教，如果都一样，那很好教，一套教材下来就可以了。老实讲，现在我们学校里面的教材基本上都是有问题的。真正懂得教育的人会告诉你，男生的教材跟女生的教材不应该是一样的。一般来讲，女生对数学没有太大兴趣，你要她学很高深的数学也没有什么用。男生对数学比较有兴趣，你就应该要求他多学一点，这样才叫公平。女孩子有女孩子的兴趣和志向，男孩子有男孩子的兴趣和志向，而现在的学校要求男女生一样，通通要及格，不及格就不行。这不是好的学校的做法。另外在家里面，父母可以看孩子的特性是什么，然后你就可以真正地因材施教。只要父母采取的是一致的方向、一致的方式，子女不仅很快就会相信，而且他们很快就会接受。不要让孩子感觉到你们两个人不同，因为这样孩子就会选他喜欢的。当他没有办法选择的时候，他只好面对你们的需求，他就会开始配合。所以我们很具体地建议大家，父母之间可以有不同的意见，但是你关起房间门自己去商量，不需要当着子女的面讲不同的话。

我看到有一些家庭的父母非常好。当孩子碰到一件事情，爸爸不同意的时候不会说话，但是妈妈马上知道他不同意。然后妈妈就到房间里面问爸爸要怎么办，即便是争吵，声音也不会让外面的人听见，等到和爸爸有一个协议出来就好了。而且父母最好不要朝令夕改，比如早上可以下午不可以、今天可以明天不可以。小孩是需要弹性，但是一下给他太大的弹性，他就会无所适从。

我们的每个弹性都是要慢慢来的，**一个人要有弹性之前，先要把基本动作做好，你才可以有弹性**。基本动作还没有做好，你就开始叫他应变，这是非常可怕的。我们有一句话叫作：没有规矩不足以成方圆。就是告诉我们：要成方成圆之前先要有规矩。你没有规矩，圆也画得不像圆，方也不像方。如果应变错误那就糟糕了，所以最好可以约法三章，不要一下要求一大堆，那样小孩根本记不住，他也做不来。

举个例子，有一家人的教育是非常成功的，他看到小孩做错事情不会骂他，因为他们全家人共同约法三章，规定每天晚上八点到八点十五分，是检讨时间。孩子一天下来做错什么是他的事，家人不会理他，等到了八点钟，家人就问他今天哪些事情做错了；小孩心里要有准备，他知道八点钟到了，就会开始检讨。他就不会觉得冤枉。如果一看他出错就给他脸色看，那他整天就是紧张兮兮的，他怎么学习？他生活怎么安定？所以父母就告诉小孩，我们尊重每一个人。但是每天晚上，由爸爸先检讨。然后爸爸就说："我今天早上出去，很着急，所以你跟我讲什么话我都没有注意听，很抱歉。小孩就懂了，爸爸都可以做错，他为什么不可以？他就开始讲自己的不对。

这样的一家人不是很和谐吗？所有缺点都是检讨出来的，为什么要那么严厉？为什么要大惊小怪呢？做任何事情，要给对方一个心理上的准备。比如我们要带小孩出门之前先问他："张伯伯从天津来了，我们要一起出去跟他吃饭，你要不要去？"小孩经常都说他不去。可是我们要了解，小孩说不，并不代表真的不。你去看有些小孩，他什么东西都说不要，最后他什么都要。

所以父母不能用孩子讲的话来断定他内心想的是什么，那是不可靠的。这时父母可以说："好，你不去，那你要做什么？"他说："我还是在家。"你问他："那你一个人在家，你会不会害怕？"他说："不害怕。"你说："那就照你这样。"过五分钟孩子就会跟你一起去。这时候你说："你还是不要去，在家比较舒服。"他说："不行。"你说："那出去你要穿整齐一点？"他说："一定。"你说："你还要穿鞋子，不能这样打光脚出去。"他也会说："一定。"这样你讲什么他都会答应，到时候你叫他做，他就会照你讲的做。

但现在很多父母都是让孩子在没有准备的情况下马上叫他非这样不可。老实讲你自己都做不到，你看夫妻之间常常因为事先没有讲好而吵架。人不是机器，他总要有一个心理准备，我们已经讲过要把小孩当人看，你就要给他心理准备的时间。比如吃饭之前就要告诉他把手洗干净，他就知道了。大家都在忙，他就要去帮忙拿筷子。第一次做得不好，问他，筷子摆成这样是不是比较好看一点？他看了，然后把其他的也照样摆摆看，你就开始教他。他很高兴，没有抗拒，他就很容易学习。

父母角色

父严母慈真的过时了吗

任何事情父母都要步调一致。大家看法相同，大家都尊重对方，让彼此心理有一个准备，然后一步一步来，教育就是一件很轻松的事情，没有什么难的。我们最要紧的是不要出卖对方，你看夫妻之间如果都要讨好子女就会彼此出卖。这种事情太多了，比如妈妈偷偷地给小孩5元钱，告诉他不要跟爸爸讲。这样小孩就会感觉很奇怪：你为什么这样做？那我也可以这样做吗？**父严母慈是有道理的，它是一个合理的配合，不是靠出卖的。**母亲跟小孩在一起的时间比较长，如果很严厉，小孩会整天紧张和害怕，对他的发育不好。如果是爸爸比较严厉，妈妈可以让小孩赶快整理好，不然爸爸会生气，他就开始进行整理了。也可以合作一起整理，告诉小孩："爸爸忙了一天，不要让他回来生气。"妈妈千万不要说他再不整理，爸爸回来要打他，这等同于出卖。所以同样一件事情看你怎么表达，前者表示爸爸爱他，后者表示爸爸不爱他，爸爸会打他。

父亲也不能因为很少跟子女见面就讨好他，很多父亲把这种当作补偿。认为自己平常太忙，所以礼拜天带孩子出去，爱怎么挥霍就怎么挥霍，面子都做给孩子看，让他感觉自己是好爸爸。这都是没有必要的。我希望大家去想一个问题，天底下所有的动物都只有妈妈，没有爸爸。为什么人要有父亲？我常常讲，你如果在美国生了一个小孩，孩子的出生证明上面有这个小孩的出生地，第二个是只有妈妈的名字，从来没有爸爸的名字。我们中国人就会很不习惯。因为我们在中国都会写父亲是谁、母亲是谁，两个人的名字是同时写的。

外国人只会说看到这个小孩是从妈妈的身体生出来的，所以上面写的一定是妈妈的名字，他不会伪造文书。所以谁是爸爸，他不知道。所以有时候想起来，我们似乎天天都在伪造文书。但是我们很尊重爸爸，老实讲一个家庭里的父亲没有一点权威性的话，根本就不像爸爸，没有人把你当一回事。这样你要严也严不起来，你要做很多事情你才可以得到严父这个地位，不是那么简单。老实讲，做妈妈的有时候还比较容易一点，因为你天生就会生育。但是爸爸要把自己做到像一个爸爸，那你的另一半自然会支持你，你的子女自然会尊重你，看到你自然会对你怕几分。如果连一分都不怕，你就没有办法做好父母。

很多人说，小孩是天生的天使，我不太赞成这句话。我认为小孩是天生的破坏者。一个小孩刚生下来，当父母出去他就会把家里整理得整整齐齐，这个不是正常的小孩。你看小孩子只要在家，爸妈出去一两个小时后回来会看到沙发也倒掉了，茶杯也掉在地上，家里搞得一塌糊涂，这才是正常的。我不晓得大家的看法是什么。小孩天生不懂事，父母给他鞋子，他经常都是左右反穿。这样父母才知道为什么偶尔有一次他左右穿对了你会很高兴，就表示很难得，这种概率都是50%。这样我们才知道为什么父亲要严，母亲要慈，因为这样你才会把子女带好。子女无拘无束，不受任何管制，他就会去玩，不会好好学习。如果小孩一开始就会好好学习，那父母不必伤脑筋。

这就告诉父母，要正确地去引导孩子，对孩子不能过度放任，因为他是不懂事的。所以现在很多人说，小孩是不能打的、小孩是不能管的，还写了一大堆儿童心理学，我都不太相信这些事情。人生来为什么要父母？就是要父母管教他，不然要父母干什么？子女为什么孝顺父母？就是因为父母管教他，把他教好了，他当然会孝顺父母。

勤教严管，这是有道理的，而人最要紧的是要自律，也没有错。都没有错，但是我们要知道，**在一个人要自觉之前，经常需要别人的启发**。当一个人自律之前经常要靠他律来引导出这种自律。老实讲，小孩到了13岁以后，父母几乎就没有办法管他，所以教要趁早。小孩13岁以前比较容易听话，13岁以后，你想要教他，不是不可能，而是更费劲。他认为自己是个大人，尤其是现在早熟的小孩会认为：以前我小，你打我的时候，我打不过你，只有认了，但是我现在可以打你，而且我长得跟你个儿差不多，你再打试试看，你打上面我可以打你下面。

当然每个阶段教养的重点是不一样的，每个人最后要自己负责，自己去过日子，这没有错。但是在孩子小的时候，他做不到这样，父母就要教他，告诉他现在怎么样做他将来才能过自己的日子，才能够自觉地让人家看得起。你看孩子1岁的时候，父母样样照顾他，否则他活不下去，而且在1岁的时候哭很有用，可是两岁的时候就不一样，孩子两岁有两岁时的想法，两岁的时候，哭大概没什么用，到了两岁还在哭的时候，大人就觉得好笑。我们慢慢从这里去追究，你就知道小孩为什么会这样变化，他是很自然的。

可是当孩子知道哭没有用的时候，他又变了一个花样，他两岁非变花样不可，不变就没有人理他，为了要生存，他就开始变花样。所以小孩变花样是为了求生存，大人变花样是为了帮助孩子得到更好的发展。所以为什么每个人都要变花样？绝不是我们所讲的大家实实在在就好，**实实在在只是一个基础而已，实实在在地去变花样，这是正道**。不实的变花样叫作奸诈，不同之处在这里。不要为变花样而变花样，要为了有效地达到你教养的目的而变，这样就对了。

> 所以小孩变花样是为了求生存，大人变花样是为了帮助孩子得到更好的发展。

父母能不能改变自己的观念？当然也可以，因为人是不断成长的，可是当你要改变你的花样之前要告诉你的小孩。因为他接受的是你以前的那套观念，你说变就变他会感觉到很吃力、很难有办法调整，所以母亲要告诉小孩："以前爸爸有工作，我们每天最起码有一个荤菜吃，现在爸爸没有工作，你要有心理准备，我们从现在开始不吃荤菜了。"这样小孩子就知道了。大人如果什么都不说，突然间就变，小孩就很难接受。所以要提前给孩子做好心理建设，做好心理准备，让他能够适应你的变化，这是一种教育。家里没有什么事情是不能商量的，所以我们把那句话延伸出来，**家里不是讲道理的地方，家里是大家好商量的地方**。父母要讲一些孩子听得懂的话，讲一些孩子听得进去的话，讲一些孩子听了以后就能够做得到的话。而不是跟他讲一大堆大道理，最后那会变成形式化、耳边风，变成嘴巴讲的不是实际要做的东西。

最后他一生就很虚伪，就不实在，这样我们才可以知道为什么社会上有很多人很虚伪。他们嘴巴讲一套，做的又是另外一套，这是他们从小所接受的家庭教育所造成的。所以家庭教育是一个人一生人格的基础，就好像房屋地基一样，非扎实不可，否则你将来盖的楼越高就越危险，一晃就整个都完了。真正要你的小孩幸福，要在他很小的时候把地基打稳。我们所讲的这些事情，大家一一地去做，不难。

> 家庭教育是一个人一生人格的基础，就好像房屋地基一样，非扎实不可；否则你将来盖的楼越高就越危险，一晃就整个都完了。

第四章　如何让孩子得到全面发展

我们要让小孩子养成良好的生活态度以及生活习惯，像勤劳、守分，这些千古不变的东西，再加上永恒，谁会说它们过时？

因势利导

顺应孩子的“天命”，才能让孩子获得最好的发展

以前科学不发达的时候，我们认为生命是一种迷，因为解不开，看不透。但现在随着生物科学越来越发达，我们已经把生命的迷逐渐解开。我相信现在大家能很容易证明两个人有没有血缘关系，通过检验DNA就可以了。DNA就是我们生命的密码。我们以前问一个人有没有命，有人说有命，有人说没有命，而现在DNA就可以告诉我们，人会得什么病、能活多久。

有了DNA以后，同样会给我们带来麻烦，你要不要去检查自己生什么病？就像是以前算命的，算命的还可以说，就是随便算算，但是现在有了DNA，它是科学，一检验说，“糟糕了，你DNA里面有高危险癌症的可能”，那你完了，吓得要死。

所以在没有DNA之前，我们没有DNA的苦恼，有了DNA以后我们更紧张，第一个，不敢去检查，生怕检查完了以后，心里头有个疙瘩，可是又很想去检查，因为总想知道自己将来会怎么样，如此DNA其实跟宿命论有很大的关联性，好像一生都已经安排好了，但是它绝对不是宿命论。因为人有了DNA以后，还需要很多很多的蛋白质，为什么同年同月同日生的两个人，他们的命运不一样？就是每个人所吸收的蛋白质不一样，DNA是我们先天的命，而蛋白质就是我们后天的运，这样就可以解开我们以前对命运的争论，争论半天没有用，因为那是死无对证的东西。

现在我们很容易，一检查DNA就知道，这个孩子是不是自己的子女，你看现在很多很有钱的人，最怕的就是突然冒出一个女儿来。

举一个例子，一个名人曾在他很有钱的时候，有人把一个女孩带到他的面前说：“她是你女儿，你不认，不认就检查。”然后他就很害怕，害怕万一检查出来是他的，那他就完了。所以当一个很有名的人，突然冒出一个女儿，会使他全家人不得安宁，一旦开口要钱不是几十万元、几百万元可以解决的。DNA一验，马上就知道，你们两人有没有血缘关系。

因此我们就探讨一个问题，我常常问很多父母，我说：“你在生小孩以前，你会不会到庙里头去拜拜求子呀？”他说：“私底下，我会跟你承认的，只要不是让我公开承认就好。”你看庙里头的送子观音，多少人去拜，目的就是求个儿女。可是当他生了儿女以后又不认账，说那个跟送子娘娘没有关系、跟观音菩萨没有关系，那是他自己生的。人就是这么有趣，求人家的时候，恩德无量，得到以后一笔勾销。

其实子女也是上天给我们的。有人说又来迷信了，中国人说的上天就是自然界。我希望大家摆脱以前对中华文化不成熟的解释，现在是科学时代，我们要用科学的解释，人是自然的一分子，这没话讲，父母从自然界来，子女也从自然界来，我们都是老天派来的，这不是迷信，母亲会生出孩子来，也是老天把他送来的，你的子女是你所生，但不是你所有，那是谁所有？老天所有，我们都属于老天，西方人说他们都属于上帝，那是不科学的，中国人说我们都属于自然界，这是很科学的。但是自然是什么？我们是用老天来代表自然，这有什么不好呢？

我觉得这个观念是非常重要的，如果子女是父母所有，那你就可以爱他生他就生，爱他死他就死，这才是你的所有权。应该是老天叫他活，他就活，老天叫他死，他就得死，可见我们都是属于老天的，我们都是属于自然界，这句话是很科学的，还有什么好争论的呢？

我们每一个人都有个别差异，这也是老天所给的，DNA相差无几，但是蛋白质之间就会相差很大，为什么南方人跟北方人不一样？就是南方人所吸收的蛋白质跟北方人所吸收的蛋白质不一样。我们今天不是，我们今天是吃水果要小心，因为水果不知道是从哪里来的，现在人得肝病特别多的原因就是当一种食物我们很熟悉地吃了以后，我们的身体就会很安心地接纳它，如果一种食物我们从来没有吃过，你一吃下去，肝脏就开始有所反应，因为身体会以为是毒进来了，就开始全力排毒，然后它就累得半死。所以你去看那些喜欢吃奇奇怪怪的东西的人，身体都不会好，而且都死得很快，这就是自己跟自己过不去。

我们吃当季的东西最安全、最有用，可是我们偏不要，这样就叫不自然，所以**你如果了解我们老祖宗的苦心，你就会知道一切顺其自然，都是为你好**。今天不是，我们把本地的植物统统吃光，然后引进很多外来的植物，这样人也跟着倒霉。为什么我们现在莫名其妙的病得了一大堆，就是不该来的东西都来了，当然得一大堆病。在这样的情况之下，我们一定要了解，个别差异是自然的安排，知道一个人的家庭环境适合教养什么样的人，才能更好地配合。明明没有那个条件，非要很勉强塑造那个环境，只会使大家都受不了，这样没有好处。老天会把一个人分配在哪一家有他的作用，有他的目的，我们把它都叫作天命，天命不是迷信，天就是指自然，自然给他一个使命。你看草有天命，花有天命，猫也有天命，就是老天爷叫它做什么它就做什么，这是它的本性，也叫本能。我们时常觉得，某人有天命，好像很了不起，其实每一个人都有天命，天命就是先天之命令。生下来就是不全的人，就是先天的命令。生下来很强壮的，或是反应就很慢的，也是先天的命令。一个人成功不成功，其实跟先天有很大的关系，不是完全决定在后天。我们每一个子女到我们家来，他是不一样的，这是老天的安排，你为

老天会把一个人分配在哪一家有他的作用，有他的目的，我们把它都叫作天命，天命不是迷信，天就是指自然，自然给他一个使命。

什么不接受自然呢？所以我们常常说，哪种家庭出哪样的子弟，这是很正常的，你看多半读书人的家庭的子弟比较文弱，将来也是往读书方向去的；做生意的家庭，他们的小孩从小就跟着做买卖，他习惯了，他长大自然就做买卖了，这也不是勉强得来的。当然我们要改可以，但是过分勉强很难，所以**我们再三地建议大家，不要对你的子女过分地奢望**。

每个人一生下来智慧就不一样，你要求每一个人都考100分，是不可能的，如果每个人都考100分，就是不公平，因为题目太浅，就会有人说："连他都能考100分，那不用考了。"大家都考60分，也不公平，因为题目太难了，还是会有人说："连他都只能考60分，那你出什么题目呢！"考试就是有人考90分，有人考60分，有人考40分，这才是公平的，所以很多人认为，大家都一样叫公平，其实错了，大家都不一样才叫公平。所以每个小孩子的体格才会不一样，身高、体重不一样，智力不一样，他的情绪也不一样，父母为什么要勉强呢？**总是把自己的小孩跟别人比，这是非常没有道理的事情**。所以不会读书的小孩将来也许是一个非常会钓鱼的人呢！这也没有什么不好。

人到这个世界上来，是各有天命的，不要把天命想得太玄，就是先天他有他的特长，要到这个世界上来发挥的就叫天命。父母在不能勉强孩子的同时也不能让儿子、女儿任意发展。

人到这个世界上来，是各有天命的，不要把天命想得太玄，就是先天他有他的特长，要到这个世界上来发挥的就叫天命。

父母需要经过摸索的过程。一个人出生的时候，他的DNA都安排好了，就表示他这一辈子要干什么，他都要有个计划，叫作先天的人生规划，所以天命可以解释成先天带来的人生规划，如果按照这个去走，你就会走得很自然、很愉快、很圆满。但是我们一生下来，我们就忘光了，这是人非常有趣的事情。

挖掘潜力

如何帮孩子找到天赋所在

如果我们一生下来就知道这辈子要干什么，好不好？其实也不好，如此你就永远不会尝试走别的路，人生就会很单调，所以我常常觉得老天对人实在是够好，他让你有一个计划，但是又让你忘光，你就要开始摸索，摸索你要做的事情，而不是摸索你喜欢做的事情。你哪一天感觉到那就是你一生要做的事情，从此你的人生就改变了；如果你一直到四五十岁还不晓得你要干什么，那你始终在摸索。

你看几个月大的小孩，他什么都知道，只是他说不出来，但是随着他长大，慢慢学了后天的东西，他先天的东西就忘光了，这样你才知道那个小孩的笑，不是无缘无故的笑，只是你不了解他，他也不了解他自己，这时候父母就开始要去摸索了。

但是现在的父母都是不要孩子摸索，必须要按照父母的方式去做，这个太霸道，父母是要尽责任地告诉他，让他去摸索，不是他要做什么就做什么，而是在合理的范围去摸索他喜欢做的。这样就对了。

先找应该的，然后把应该的范围划出来，再去找你喜欢做的，这就是先天带来的东西，所以很多人始终搞不懂说："我有什么使命？我的使命在哪里？我这辈子要干什么？"我的答案很简单，就是当你去做一件事情，做得很单调、乏味，很不想做的时候，这就不是你的天命。天命是你在做这件事的时候，感觉很兴奋，感觉到这个很好，再辛苦也不觉得辛苦。比如有的人这辈子就是要打麻将的，他干什么都是要死不活的，一坐上麻将桌，他就精神百倍，这是他自己找的。你看有的人一在平地就要死不活的，一到山上精神百倍，他的天命就是要征服山峰的。

很多人问我："怎么才能找到自己的天命？怎么才能知道自己这辈子是干什么的呢？"我说："你只是没找而已，找的话一下子就找到了。"小孩也是这样，有的小孩小的时候，他什么都喜欢，就是不喜欢读书，成绩很不好，可是最后上大学成绩变得很好，因为人是会改变的，而不是你去改变他，关键是他自己在改变。

父母不必勉强他，突然间，他会有一个变化，他变得什么都不喜欢，因为他什么都玩过了，没有什么喜欢玩的了，他回头一想，还是读书最好，他从此比谁都专心，我们把它叫作浪子回头金不换。你越是逼他，逼到最后，他老想着外面比较好玩儿，他好不容易毕业，从此不读书，那这个人也就完了。不是说小的时候成绩不好，一辈子就不好，没有这回事。所以有的孩子是先做这个，有的孩子是先做那个，父母不要去管他，**父母的责任是需要提供小孩摸索的过程，还要负责他的安全**。所以为什么父母要给孩子玩具，就是要给他试着去做各种事情的机会，他一看不喜欢，父母也不必马上断定他就是不喜欢，说不定过两年以后他又觉得很喜欢，父母不要管他，他自己会走上这条路。

你看比较好的学校，是没有一定的教材的。不是说全班同学都学同样的东西，就是有很多东西摆在那里，然后让小孩自己选，不管男的还是女的，要做针线就做针线，要把鞋柜整理好，就把鞋柜整理好，孩子要做什么，老师都没有意见，然后小孩通过摸索就知道什么是他们不喜欢的，不喜欢就换一样，找到自己喜欢做的，然后慢慢去做，从中便可以学到很多东西，他就知道自己这样做合理不合理，不合理他就会改变，合理他就一直学下去，这样他就慢慢找到他的天命。不要把天命看成很迷信的东西，因为我们每一个人都有个别差异，我们的个别差异就是天命，你看我们每个人在公司里面，做不同的事情；我们每一个人在社会里面也是做不同的事情。**我们这一辈子就是要做不同的事情才叫天命**。

我们做父母的，不要对孩子说“我今天养你，你以后要养我”这样的话。虽然“养儿是要防老”这句话没有错，但是你希望他防老就不对，你绝对要他防老也不对，听起来好像很奇怪，实际上很简单，子女会不会养父母，是自然的结果，而不是预先的计谋，就是这个差别而已。如果父母开始对孩子说，“我现在养你，你将来养我呀”，那你就是把他当生意看，这叫作投资放债，你没有把他们当成子女，他们成了你的供应厂商，或者是销售渠道。

有的家庭为什么会重男轻女？因为他们有投资放债的观念，认为投资在女儿身上，回收率比较低，投资在儿子身上，回收率比较高，所以他们就把钱都投资在儿子身上，那是做生意，不是家庭教育。正确的教育是父母好好去培养孩子，他将来有本事就会来供养你，这是很自然的事情。我非常反对有人标榜自己，比如有些人说“我不要我的子女照顾我”，这是标榜。你要知道，你是很幸运的那几个人，可以不要你的子女供养你，但是天底下大部分的父母，老了以后都要小孩奉养，你有什么神气的呢！听清楚，子女在父母老了以后去奉养，这是他们的一份孝心，父母不能阻止他，也不能要求他，动不动就硬性规定你一个月给我多少钱，不然就是不孝，那不对，就这样而已。

养儿防老是自然产生的成果会很好，是事先预期的结果就不好，动机不良，这样就非常清楚。现在我们不是，要么就是说绝对不肯，要么说一定要，这都是不正确的观念。

养儿防老是自然产生的成果会很好，是事先预期的结果就不好，动机不良，这样就非常清楚。

其实父母也不必教自己的小孩孝顺不孝顺，你自己孝顺你的父母，他自然就跟着孝顺了，孝顺父母不是人的天性，如果孝顺是先天的本性，那我们就不必写《孝经》了。可见子女不一定会孝顺父母。我常常开玩笑，小孩子只有一个任务，就是专门气妈妈，他们比较怕爸爸，不敢气爸爸，专门气妈妈，这算什么孝顺？妈妈那么辛苦，把小孩生下来，小孩专门气她？所以孝顺是后天养成的习惯。

孝顺不是人的天性，不要想得那么美好，它是后天养成的习惯，父母要帮助孩子养成这种习惯，这是为他好，这叫作富贵，要让子女的长处得以发挥，你只要让他的潜力发挥出来，让他找到他自己要做的事情，他自己就会做得很兴奋、很专注，他自然有那个成果，未来孝顺你，这才叫美满的结局。你强迫他以后，他会跑得远远的，很多父母辛辛苦苦，变卖财产，让他的小孩去美国留学，可是又有多少人的小孩在去了美国以后，回来的那种表情、说的那种话，其实都是很难听的，最后的结果就是不孝。

有些父母对孩子的冀望很高，你要讨回你的利息的时候，怎么算都划不来，嫌弃回报率太低，这是父母不对。所以作为父母，你从孩子很小的时候就做给他看，然后你就放心地把你所拥有的东西供应给他。一个不孝顺的人，你多给他东西就等于在害他，我们以前讲忠诚出于孝子之门，一个人对你忠不忠，先要看他孝不孝，**忠孝是一致性的，对父母不孝顺的人，对上司不会忠心耿耿，对朋友不会实实在在**，这就很清楚。

所以为什么人要孝，因为孝是很多德行的基本，孝更是需要父母做给孩子看的，所以三代同堂是最好的家庭结构，父母对长辈很孝顺，孩子从小看到了，他自然就会孝顺，只要他孝顺，你就不必计较，因为只要他能力达得到，他自然会奉养你，他能力达不到，你也不必骂他，他尽心尽力了，这样大家都非常愉快。

可是现在有些人偏要走那条不愉快的路，我们现在讲得很清楚，你要不要愉快，是你自己在决定，有些人常常自寻烦恼，明明有一条很快乐的大道，偏不走，非要挤那条烦恼的，然后天天在那里愁眉苦脸，整天骂人，其实应该骂的是自己。

承担责任

从这些地方着手，以培养孩子的责任心

其实“国家要富强”这句话，不是中华民族的一个努力的目标。西方人才会要求国家要富强，中国人要求的是国家要安足，安跟足比富跟强要好得多，但这是因为我们现在是在可以富强的情况下，所以我们讲富强没有关系，可是风水是轮流转的，等到哪个朝代很衰落的时候，如果还追求富强，那根本就是增强大家痛苦的指数。

所以该富强的时候我们可以讲富强，但是要记住这是很勉强的观念，安就是说在什么情况之下你都可以安，但是不见得人要富都能富，有人说我们5000年都很富，那别的国家都不要活了。你富就表示有人不富，然后就开始要斗争，就开始要打仗，你强，别人就一定要弱，所以我们一个是足，一个是安，你安我安，大家都安，所以孔子只讲安人，从来没有讲过富强，强更是老子所反对的。你看风很强的时候，大概一阵子就不见了。凡是长得很直的木头，很快就被砍掉了。同样富强是别人竞争的对象、打击的目标，对我们没有什么好处。我们中国人很了不起，就是我们会安居乐业、知足常乐。不管大环境怎么样，我要乐就乐，一切我在控制，而不是外面的环境在控制，但是我们今天讲富强也没有关系，我们必须要了解，国家是否能够富强，是否能够安康快乐，它有一个非常重要的关键，就是一个国家的国民的品格优或者劣。比如那些做生意的人，如果他的品德好，他的生意就会越来越好；如果他的品德不好，一阵子以后他就没有

生意可做。同样一个国家也是这样，如果说老百姓的品德修养很好，这个国家的富强就可以维持得久一点；如果这个国家一开始有钱就为富不仁，那就是不义之财，这个国家不会富强太久。

所以品非常重要，一切一切决定在品，我们的历史故事那么多，只有一本《三国演义》是世代相传。为什么？《三国演义》告诉我们，武力不重要，国土不重要，什么都不重要，品最重要。你看刘备，刘备有什么了不起？他就是品。关公，关公有什么了不起？就是品。曹操没有了不起，不稀奇，因为他没有品。这样大家就知道，我们为什么看《三国演义》，就是看品，品字是三个口，这需要大家都讲你好，你就是真的好；如果你只是自己说自己好，人家笑起来是冷冷的，就没有用。

一个国家的国民，他的品德、行为是否端正，要靠家教，不是靠学校，不要对老师要求太高，所以家庭教育如果好，它所培养出来的国民品德修养就良好，不管是经济发展也好，不发展也好，都能够安足，这才是我们中华文化所要求的东西。因此我们从小就要培养子女爱国的情操，你看以前做妈妈的，经常会讲一些爱国的故事给小孩听，不像现在都讲一些乱七八糟的东西给小孩听，有时候还会自己编一套故事，老实讲我们现在已经进步成为一个搞笑的社会，这是非常严重的事情。

你看小丑出来的时候，他的脸上有记号表明：我是小丑。所以小孩子不会上当，就不会学他，可是那些小丑并没有告诉小孩他是搞笑的，说自己是正常的面孔，小孩就以为生活本来就应该这样，他一生就毁掉了。所以你宁可做小丑，也不可以乱搞笑，但现在我们都在搞笑，这将来会把整个人类毁灭掉。很多人不知道这个原因，以为这没有什么，觉得他很受欢迎，在舞台上搞笑，下台还在搞笑，到学术机关搞笑，菜市场也搞笑，人类还能存在吗？所以以前的母亲总是讲一些爱国故事给小孩听并不奇怪，做人就是要正正经经，做人就是要爱国爱民。

举个例子，有一个十几岁的小女孩，台上的主持人问她要唱什么歌，她说她要唱一首情歌，主持人问她："你才十几岁，你唱这种歌，你妈妈同意吗？"你看小孩子听不懂，这就是没有家教，那一辈子完了。

所以大家不要觉得娱乐节目不会害人，不要觉得所谓搞笑的人不会害人，不要小看这些事情，孩子幼小的心灵是很纯洁的，要激发他们爱国的情操，激发他们做正经事情。所以做人是要有责任心的，不是说自己乱开玩笑就可以不负责任。

但是我们现在几乎快完了，有些人认为好像爱国爱乡就是很落伍，那等到有一天大家都不爱国、不爱乡的时候，谁来救我们？我们要加强跟邻居的友好关系。当国家很大的时候，你样样靠政府就是不对的，你看上一次"SARS"来的时候，我们社区的能量发挥出来，很快就把"SARS"镇压下去了，这才是中国人。我们要邻里守望相助，如果你平常老死不相往来，你怎么去守望相助呢？

现在的家庭子女不可能多，所以要常常跟邻居多往来，如果每个社区都建设好，家庭很愉快，国家很安定。如果自己的兄弟姐妹不多，你就要到社区里面去，从学习当中成长，这样就对了。我们要知道，家庭跟国家以及民族是分不开的，所以我们从小就要培养子女在家里面分担一些家事，他就会尽一份责任，到了社会上他就会做出一些贡献，从小就养成孩子的这种习惯，他将来就认为这是应该做的事情，他不会觉得做什么都很苦恼，都觉得很累。人是这样子的，你认为你应该做的，你就不累，你认为可以推卸的，可以躲避的，做得就会很累，一切都是自己心里的感觉。子女既然是家庭的一分子，那父母就应该要分担家事。家庭里面最好每天有一个检讨的时间，最好每一个礼拜或者每两个礼拜，甚至一个月都可以开一次家庭会议，爸爸主持或是妈妈主持都可以，爸爸如果说因为外面工作比较忙，所以家里的事情他分担得比较少，妈妈太辛苦，是不是可以多分配一份给孩子？小孩如果说这些事情他会做，那他做就好，父母要让他自愿地去领这个工作，而不是强制地去分配他，他的感觉就会不一样。

父母如果让子女感觉到做事情是很无奈的，是一个非做不可的，那就是负担，那他一辈子就很厌恶这件事情。

一次，有一家人请我去吃饭，我就发现这个家庭真了不起，大家吃完饭以后，小孩就抢着收碗收筷子，另外一个孩子把抹布拿过来擦桌子，擦得很认真，我觉得这个教育非常成功，小孩没有把做事情当成一份负担，他认为这是他本来就应该做的事情，一直到他把椅子都排好，才去做功课，这样的家庭教育，将来他一辈子受益无穷。如果说大人一定要板眼，一定要规定，我觉得教育就失去意义了，尤其是现在我们有一种很新潮的东西，就是用做买卖的方式。比如父母对孩子说，“你给我洗碗，我给你两块钱；你给我扫地，我给你一元钱”，我是非常不赞成这样的事情，因为这个后果是非常严重的。将来有一天你会叫不动你的小孩，因为当他觉得那件事回报太小的时候，他根本就不理会你，那你怎么办？家人不能讲道理，家人不能有利害关系，更不可以有金钱的这种计算，要给小孩零用钱是另外一回事情，我们不可以用钱来买小孩的时间。比如哪一天你生病，他还会认为你没有给他钱，所以他就不用看你。

那你会觉得你的心是很不平的，而且伤心到极点。比如他问你给多少钱，他来陪你一个晚上，或者可能他忙起来的时候甚至说，“你这个钱给得太少，我今天不来”，他一句话会让你伤心透顶，就是说我不赚你这个钱，你就完了。这是父母自己所造成的。

亲情永远不是金钱所能够计算的，父母从孩子小的时候就要培养他正确的观念，需要他分担家事的目的在于不要好吃懒做，不是说他应该分担多少责任，而是养成他劳动以及跟其他人合作的习惯。所以我建议父母要培养孩子三个基本的生活观念、四种基本的生活技能，然后你慢慢地根据你小孩的年龄逐渐地去加强他的内容，你的教育一定是成功的。

生活技能

三个生活观念+四个生活技能，让孩子受益一生

三个基本的生活观念：**第一个是好学，人生就是学习的过程**，一个很喜欢学习的人一定是有前途的，他的挫折感也是一时的，没有什么忧郁的，只有不想学习的人才会有挫折感，才会忧郁，最后就慢慢走到无路可走的凄惨地步。

第二个是在好学的前提上加上知耻，一个人最可贵之处就是会害羞。可是现在有些父母训练小孩不要害羞，尤其是女孩子如果不害羞的话，你将来怎么去教她？一个小女孩看到人就很大方，好不好？我的答案是应该大方的时候要大方，应该害羞的时候要害羞，一个小女孩会害羞，我相信大家会很喜欢。可是现在的孩子都是别人不敢做的他敢做，别人不敢讲的他敢讲，这不是个很好的方向。

一个人会害羞，他给人家的观感是不一样的，一个人说另一个人不害羞是骂人的话，不是好话。我们好学就会不断地进步，我们知耻就会在做很多事情的时候检讨自己，你做一次以后，你下次自然会调整过来，这是对自己好。

第三个是力求上进，如果一个人不上进他就会堕落，因为外面的引诱太多。像我小时候的生活是很单纯的，没有太多的诱惑促使我们去做坏事。但是你看看现在，小孩子的电动玩具，还有一些奇奇怪怪的活动，更甚的是还要去听歌，我们看看新闻就知道，某个地方最近举办的一次大型

演唱会上踩死了很多人，如果哪一天你的小孩为了要去听歌，然后被人家活活踩死，你有什么感觉？听歌我们通过电视去听就好了，不必去挤热闹。还有一些人为了买票去排队，去熬夜，然后买不到还会在电视机面前哭，你不是丢父母的脸吗？这就是今天的年轻人，完全没有羞耻心，也是没有家教。**一个人好学、知耻、求上进，那他一辈子一定走上正道，**现在不是，现在是捧歌星，什么追星族，什么哈韩等，都不搞正经事，有钱以后不是更糟糕？

这是三个基本的生活观念，绝对不能放弃，没有说时代变了这些观念就不要了，没有这回事。

除了三个几本的生活观念，四个基本的生活技能也很重要。第一个是整洁，就是整齐跟清洁。一个人从小要将自己玩过的玩具摆放得整整齐齐，自己的东西一定要放在固定的位置，这样就对了。清洁，不要搞得脏兮兮的。所谓合适，就是合乎自己的年龄，合乎自己的程度，合乎自己的家庭背景，不是说我要买最好的，或者别人有的我一定要有，不是这种观念。人家有是人家的事，我们家没有就是没有，没什么丢脸的。你看现在有些小孩看到人家有手机，他没有就感觉很丢脸，非买不可，哪怕去偷他也要有一个。**所以要求孩子要整齐、清洁、适合、安全。**

孩子的书包要整整齐齐，每天晚上一定要把书包整理好再去睡觉，不能一早起来就哭着找自己的书包，东找西找搞得家里大乱，拿去学校丢三落四，人家都看笑话，这就是没有家教。小孩要睡觉之前，父母一定要问他明天要做什么，东西都准备好没有，放在哪里，早上一起来顺手就拿，也不会丢东西，可是现在都是睡觉，不管它，第二天起来，这个找不到，那个也找不到，越急越找不到，一大早就天下大乱，那这个家庭怎么会安宁呢？我们按照他的年龄，他的家庭内容，这个小孩子越长大，他就越能够适应，他生活得就会越好，父母就很心安，不会有什么困难。只是现在我们认为这些都过时了，没有用了，现在我们要求小孩子英文要讲好，那就是做外国人的奴才而已。父母不要把小孩逼到那种竞争激烈的地方去，会让彼此都不好过。

我们要养成小孩子良好的生活态度以及生活习惯，像勤劳、守分，这个千古不变的东西，再加上永恒，谁会说它过时？一个勤劳的人，他就不会觉得事情做起来很累，不会总要把事情推给别人，不会跟人家处不好，不会将来让老板看不起，不会让同事把他排挤掉，那他就很有保障。一个勤劳的人，一辈子都有保障。守分，最起码不会被抓去关起来，如果天天闹事，迟早都会被关起来。这是基本的生活态度，你看在家里面，一天到晚跟爸爸妈妈斗气的小孩，你说他聪明吗？我觉得很奇怪，只有天天挨打的份儿，**我们要把勤劳、守分、持之以恒变成一种习惯，这叫作习惯成自然**。习惯以后孩子就不会觉得苦恼，他觉得本来就应该这样，他就觉得很好受。比如说做功课一定要把它从头到尾做完，不能做一半就不想做，那就没有永恒的习惯，擦桌子一定要从头到尾擦完，再检查一下如果有地方没擦好，就再擦一次。父母最好是从这些小事情养成孩子的习惯。

> 一个勤劳的人，一辈子都有保障。守分，最起码不会被抓去关起来，如果天天闹事，迟早都会被关起来。

喝东西的时候父母要告诉孩子喝多少拿多少，拿一大堆喝不完就是浪费，那就不行。让小孩每次拿一点，如果还要的话就问父母，他可不可以再喝一点，不能说孩子打开冰箱就直接拿，不可以这样，现在的小孩都是打开冰箱就直接拿了，那最后是害自己。小孩是没有办法节制的，他的喜欢一定是过量，他的高兴一定是过分的，最后身体不好，父母是要倒霉的。你看小孩为什么会偏食，就是母亲问孩子“你喜欢吃这个吗”的问题，孩子就知道自己可以选择，所以很多人就是因为妈妈这句话而偏食，你凭什么去问你的小孩喜欢吗，你有这个权利吗？爸爸当然也要负责任，因为你看到妈妈这样问孩子你还在旁边不讲话，你也是不关心。我们对年龄不同的人要采取不同的要求，这个才是做父母应该尽的责任，父母要因材施教，小孩有小孩的一套，大人有大人的一套，这样分段地去调整。这就是父母的用心。

父母是不容易当的，哪怕你讲一句话，哪怕你做一个动作，小孩都会受到很大的影响。因为小孩都很聪明，学好很难，学坏很容易，你看当爸爸一抽烟，小孩就在爸爸没有看到的时候也去点一根烟抽抽看。你看有的妈妈呼朋唤友，在家里打麻将，然后大声小声地吵闹，那小孩将来都是这样，父母没有意识教小孩，但是他无意中学习到了。记住，小孩是很聪明的，他随时在学习，而且他吸收力很强，你一叫他养成习惯，再想改非常困难。所以做父母要慎重，其实也不难，因为就是三五年的辛苦，孩子6岁以后，他养成很好的习惯，父母就慢慢可以放松一点，如果父母坚持不下来，那做父母的还是有点儿不够用心。

> 记住，小孩是很聪明的，他随时在学习，而且他吸收力很强，你一叫他养成习惯，再想改非常困难。

第五章　家庭的和谐来自经营

家庭生活可能快乐，也可能不快乐；亲子可能和谐，也可能很敌对，都可能。问题就是看父母怎么去经营，经营是要通过学习的，但是要学对了，如果学错了，越学越乱。

父母教育上的三大问题，坑惨了太多孩子

天下没有一对父母不想把自己的角色扮演好，做一个真正的好父母，但是实际上，每一家的父母，多少有一点偏见，多少有一点缺失，多少有一点力不从心，这是什么道理？父母很想做好，很想尽责任，但是实际上很多不能尽责任，基本上有三个大的原因。

第一个是无知，大家不要认为无知是很可怜、很可怕的观念。科学越发达就越证明人类是无知的，你看以前我们讲得头头是道的东西，经不起科学的检验，我们才知道，原来我们都在乱讲，**无知不是不好的现象，一个人了解自己的无知，他就会进步**，一个人连无知都不知道，他就像已经装满了水的瓶子，不可能再装进其他的东西。太多的人不了解自己是无知的，所以很不幸。

你看有些人还没有准备好就做了父母，他们没有经验，靠自己摸索，摸索过几次也不知道对错，他就认为就这么办吧！这是我们每个人的过错，我们对古人的东西，基本上有三大问题始终没有改变，第一个就是食古不化，以前的东西没有消化，就认为一定要这样，结果越搞越错，因为整个环境改变了，现在已经不是古代，要回到从前是不可能的。

中国的文字是很不容易被了解的，因为它弹性太大，你看英文就是那一个意思，没有别的意思，可是读中文就觉得，一会儿这样讲，一会儿那样讲，因为中文是全世界变化最大，最不容易理解的文字，不要望文

生义。

我们还有一个更糟的就是自以为是，有些人看一个字，在自己不确定的情况下也不问人家，就认为是自己理解的那个样子，我想中国人这种毛病是非常普遍的。中国人多半不肯问的，因为一问就没有面子，那你怎么教育孩子呢？怎么能把家教做好呢？很少有人去想这个问题。除非家里发生很严重的问题，否则我们大部分不会去想它，现在让大家想一想，你的家庭生活好吗？你跟家人相处得快乐吗？你们家的家庭气氛是什么样子的呢？你都不知道从哪里回答。就好像我们天天吃饭，从来不去想饭是怎么煮的，人为什么要吃饭，那你怎么懂得生活？这是很有趣的事。

我们每天都在过日子，每天都在生活，但是不知道什么叫生活，比如我问你，你家里好吗？你一听就觉得这是在问你的爱人好不好，你说很好很好，这就是会错意。这个问题应该是说，你们的家庭生活还正常吗？大家相处得还快乐吗？有没有试图使它更圆满呢？所以我们有些人觉得家就是家，似乎从来不去研究这个家是怎么回事，就好像很多人天生就觉得自己应该有爸爸有妈妈一样。

一个家庭的重点到底在哪里，我们从来不知道，所以我们有太多的事情，从来没有用心去想过，怎么可能对它有了解、有把握呢？怎么可能把它做得更好呢？我想这是不可能的。所以不学是个很大的障碍，它使很多父母没有办法进步。

无知就要学习，一个人通过学习慢慢就变得有知了，可是我们现在真的很苦恼，因为我们很想学，但是不知道该向谁学、要学什么，以前的人，他要下笔之前是非常慎重的，我们有一句话叫作文章千古事，文章写下来，是要让千古的人来看、来检验的，你不可以乱写，现在没有这种观念，我就问很多人，我说要在一块石头上面刻字，是很费神、很费力、很麻烦的，那中国人为什么还要在石头碑上面刻很多文章？没有人知道，总觉得是理所当然一样，所以我们对古代人真的不了解。

古代的印刷术不发达，没有办法像我们现在这样，几千本几万本就印出去了，他们都是靠手抄，一个人想要读书就只有自己去抄，没有人印给你，买也买不到，抄完也不知道是抄对了还是抄错了，你看很多书就是这样，一次抄错就一直错下去了。比如我抄的时候，100个字错两个字，这两个字传下去了，另一个人抄的时候又错两个字，就变成错4个字，古书经常没有办法解释的原因很可能就是抄错了。所以古代的人，因为怕抄错，他一定要有个正本，可是如果正本只有一本，那所有人都没有办法核对，所以就让工匠把它刻在石头上，然后立在那里，每一个人把自己抄的书拿去一个一个核对，这个石头碑才有用处。

但是现在的一些人不去想这些，自以为是地认为那就是摆着好看的，中国人不会做那么笨的事情。正是因为想要一本书流传下来，非常不容易，所以大家很谨慎、很认真，因为后面有千千万万的人要挑你的毛病，现在没有，可以随便写，也不用自己的名字，乱抄一气，我们看了这些书，不是受害吗？你去看有些人说得头头是道、写得头头是道的道理，我们运用起来就是不行。尤其现在的人，满脑子都是国外比我们先进，写的都是他们的东西，拿来给我们用，最后是害死自己，所以很多人跟我讲，“我干脆不学算了，因为学了没用”，不像以前，中国人写的书就是给中国人看，现在很多人，一听到中文就反感，认为国际化没有中国人，为什么国际化有美国人呢？这些人的脑袋，我觉得非常有问题，国际化有美国人，国际化也有中国人。

我们只有认认真真去选择，其实我今天讲得很清楚，**人生就是选择的过程，你选择对了，你就很幸运，你就很有福气**。大家看，为什么有些人整日唉声叹气、愁眉苦脸，就是选错了而已。

你看一个家庭，你选错另一半，你一辈子就会愁眉苦脸。小孩来投胎，选错了父母，他一辈子倒霉。人生有太多的机会，但是我们无从选择，市面上有太多的书，我们同样无从选择，然后就凭自己的兴趣，一看很好，买回去只会害自己，因为我们没有选择的能力，所以在学跟不学当中，我们也要学习，学习怎么去学，学习怎么不去学，其实孔子已经讲得很清楚，今天人的错误就是自己学一套要拿回去用，这是大错误。家庭教育是你家的事。你看孔子讲这四个字，叫作学则不固，就是学了以后人会更有弹性，不固执，没有学的人都很固执。

比如你说这个话很好听，可是你有没有想过，你凭什么说它很好听？你有那个能力吗？你有那个资格吗？你如果说这个话不好听，那我问你，你说它不好听，那你的标准在哪里？都说不出来。所以我们大部分时间都在胡说八道，很固执地认为就是这样，越固执的人的人生是越痛苦的，因为他没有弹性，学是让我们学会不固执，回去要看自己的状况进行调整，然后才择善固执。所以我们每一个人去听老师讲课，不是说把老师的那套理论完全拿回去用，基本上这种心态都是错误的。同样的道理，父母要怎么教自己的小孩，你去问别人，然后把别人的那一套方法拿回来用，也是错误的，因为你的小孩不是他的小孩，不一样的。

越固执的人的人生是越痛苦的，因为他没有弹性，学是让我们学会不固执，回去要看自己的状况进行调整，然后才择善固执。

第二个是不会去经营，我们一定要自己去调整。我发现一个很奇怪的现象，就是我们的家庭教育，没有很用心去经营，我大学本科读的是师范大学，后来我在大学里面教书几十年，我可以负责任地告诉大家，大学教授当中的大部分是没有学过教育的人，而且是不懂教育的人，他有学问，我承认，但是他不懂教育，因为他不是师范出身。我当时觉得很奇怪，为什么小学老师一定要读过师范，一定要懂得教育，但是大学老师有80%、90%是不懂得教育的，他同样可以当大学教授？这是很奇怪的现象。

没有人是天生的教育家，但是你看大家谈来谈去，谈工业有人不懂，谈电力有人不懂，谈商业有人外行，谈教育就是每个人都懂得，很奇怪，这是我们每个人要去反省的。我们找不到几个工业家，找不到几个贸易家，但是满街都是教育家。我们都知道事业要经营，从来没有想过家庭要经营。虽然说家人之间要互爱互信，但是互爱互信不是理所当然的事情，为什么儿子一定要相信爸爸？我们从这些问题上面就知道，父母无知又不学习，那你怎么能把父母的角色扮演好？所以变成做不好才是理所当然。

第三个是盲目地求新求变，我们要稍微分析一下。我们现代人有一个很可笑的观念，叫作求新、求变，我们经常听到“你不创新就等于死亡”“你不求新求变，一定是落伍”这样的话，那么这种话对不对？有人会说对呀，怎么不对？每个人都这样讲呀！我希望大家要认真一点，对自然科学来讲，求新求变是对的，因为科学要不断地进步，我们有太多不懂的东西，要逐渐地去创新、去了解，但是人文社会是不可以求新、求变的，变到最后就乱套了，比如你吃饭用筷子，你一辈子变了没有？你从小到大都是用筷子，你怎么求新求变？南方人不吃米饭，北方人不吃面食；今天衣服顺着穿，明天衣服倒着穿，试试看？现在就是大家满脑子求新求变，搞得衣服不像衣服，男的不像男的，女的不像女的，我相信以前我们一眼看上去就知道某个人是男的还是女的，现在谁也没有把握。比如你问一个人：“那个是你女儿吗？”他说：“是我儿子。”你说：“哎呀，很像你，像妈妈。”他说：“我是他爸爸。”以前会有这种情况吗？以前没有。

自然科学是可以求新求变的，人文社会是没有办法求新求变的，你看艺术家多可怜，无论你怎么求新求变，笛子就是笛子，钢琴就是钢琴，从古至今钢琴就没有变过，今天有的人一会儿用脚去踩，一会儿用头去弹，那是乱变，这样会成为好的音乐家，我一百个不相信，所以今天我们没有好的音乐听。胡琴没有变过，你拉得好就是拉得好，现在不行，现在不用手拉，人就开始在那里晃来晃去地拉，会拉得好吗？我们应该动脑筋想一想，人家是听你的胡琴，还是看你这个人在动？

我们的家庭教育如果也跟着求新求变，变到最后，你的儿子就是活生生的白老鼠，就是让父母搞实验，孩子不是白老鼠，父母不能把子女当作猴子来耍，他要过日子，他后面还有很长的路要走。你真的要求新求变，我劝你，你让你的儿子一个星期上课、一个星期不上课，这才叫求新求变。我们有太多的事情不了解，所以科学家兢兢业业，我们很佩服他，一点点小发现，就很难得了，那科学呢，怎么去变化？我是全世界大的艺术馆都跑过，所以你只要跑过几个艺术馆，我相信你会感觉到，艺术家真的可怜，你说他画得很像，人家比他画得更像，你说他画得很不像，人家比他画得更不像，你说他就不画，可是人家的白布已经挂在那里，他几乎无路可走，你要去求新求变吗？只有规规矩矩、实实在在，从素描开始，现在的人，是因为画不像，所以在那里乱搞，哪里是求新求变呢！

教育不能求新求变，三天两头变，小孩就完蛋了，但是我也没有反对不变，因为人类从来没有不变过。有些人的脑筋就是死的，认为要么变，要么不变，我们中国人讲的是有所变有所不变，我们已经讲过，生活方式永远在改变，但是生活法则基本上是不能变的。我每次跟孩子开玩笑说：你昨天晚上叫你爸爸什么，孩子说叫爸爸，我说：那现在变一下，你晚上回去，不要叫他爸爸，你叫他外公，你试试看，他会接受才怪呢！这要怎么求新求变？爸爸一辈子只有一个，从来没有变过。那怎么求新求变呢？像这种很容易了解的事情，大家都很糊涂，认为求新求变了，变到最后人不像人。

> 中国人讲的是有所变有所不变，我们已经讲过，生活方式永远在改变，但是生活法则基本上是不能变的。

有所变，有所不变，叫作有原则地应变，比如小孩一定要准时上学，但是父母生病了，偶尔一两天请假不去也可以，不是说父母生病，孩子也一定要上学，没有这回事，这才叫有所变有所不变。所以父母要教导自己的子女，一定要慢慢的，也要告诉他有的可以变，有的不能变，不要什么都要变。

你看我们今天，明明一个手机可以用，不行，要变，因为人家都变了，认为自己不能不变，那你一辈子都忙着换手机，你就上了商业广告的当，你就被生意人牵着鼻子走，甚至变成手机的奴隶。我想人真的很可怜，我们经常发明了一个东西以后，就变成这个东西的奴隶，你看我们把钱发明出来，是要让我们用的，结果我们变成守财奴，变成钱的奴隶；我们发明汽车是要让我们方便的，结果你看那些拥有四部车子的人，他就成了汽车的奴隶，一天下来累得要死，也要把车子开出去，其中一部车子好久没有开，结果是为了怕车子发动不起来才去开，那你不是车子的奴隶吗？

我们之所以唱歌，是为了让我们更加愉快，结果就变成歌迷，这就是变成歌的奴隶。我们发明的东西是要帮助我们的，结果我们都被它套牢，变成它的奴隶，那人算什么？我们的小孩也是一样，我们要把他救出来，不是把他们推下去，现在父母先迷，让子女也跟着迷，也有很多人，父母一定要强迫他儿子跟他有同样的兴趣，你有这个权利吗？有这个必要吗？你的子女会快乐吗？

家庭里的人可以快乐，也可以不快乐；亲子可以和谐，也可以很敌对，都可以。问题就是看父母怎么样去经营，经营是要通过学习的，但是要学对。学错了，越学越乱，现在很多人就是学错了。

比如一个美国的孩子从小就要去外面赚钱，一个中国的小孩子，只要家里面可以供给他生活的费用，父母多半不希望他那么早去赚钱，这是事实，父母认为没有必要为了那几个钱浪费时间。但是现在很多父母开始学习美国人那样，那你就变成美国人的奴隶，这多可笑。所以我还是劝你，从今天开始，把你家的筷子统统丢掉，第一步你先用刀叉，然后全家人都用刀叉，这才算求新求变，如果你还用筷子，那你算什么求新求变？你的小孩子长大以后是要变成中国人的，你要记住，他是要在中国社会生活的。

当然，如果你想很快就把他送到美国，我也不反对，他到美国之后再去学美国那一套东西很容易，你为什么从小就要把他培养成为美国人？如果你也很愿意他将来变成不孝顺的人，我也没有意见。

我们在这里只是说，一般父母都很想做好，之所以做不好，就是这三大原因，第一个是无知，第二个是不学，第三个是求新求变，然后就把小孩搞得乱七八糟，父母只要把这三个关系调整过来，一定是很好的父母。

一般父母都很想做好，之所以做不好，就是这三大原因，第一个是无知，第二个是不学，第三个是求新求变，然后就把小孩搞得乱七八糟，父母只要把这三个调整过来，一定是很好的父母。

家教原则

家庭教育易行的六字原则

我们讲到教育大家一方面觉得容易，觉得都懂，另一方面又觉得很难。每一件事情都有弹性，因为人是活的，不是机器，也不完全是数学上的1＋1＝2。这个对与错是变动的，不是一定的，这种情况下我们要怎么办？所以我们现在要介绍一种简单明了而且容易实行的方式，给大家当参考。

我们一定要了解，因为要生活，所以我们没有办法成为专职的父母。实际上我们就算成为专职的父母也不见得就能够解决问题，我们一定要供应子女生活上的需要，所以我们一定要有正当的收入，而且小孩不断地成长，他的花费会越来越多。为什么以前的父母可以生好几个小孩，现在只能生一两个？就是因为现在每一个小孩的支出比以前要多很多。以前养一个小孩不用花很多的钱他就可以顺利长大，现在的小孩是从没有出生开始父母就要给他准备很多的钱。

在孩子成长过程中的每一个阶段，父母都要有很多的花费。所以现在是养不起、生不起。但是为了子女，我们还是建议在孩子三四岁之前的这段时间，母亲最好不要到外面去工作，在家里专心地照顾小孩，我们把这叫作专职的母亲。这个是很困难的，但是我希望大家去了解，美国大部分中产阶级以上的家庭，妈妈几乎都是专职的。否则她忙不过来，一个小孩要做的事情太多，又没有上一代的人来照顾，一切都要靠自己，所以不得不暂时把工作辞掉，两三年以后，等到小孩长得差不多，然后母亲再重新去就业。我们没有这样要求大家，只是提供一个比较好的方法给大家当参考。但是我们不一样，因为我们的长辈多半会住在我们附近，或者跟我们住在一起，他帮我们照顾，其实是我们很大的福气。

我们又发现，现在的人要的是摆脱父母的关照。很多男女双方一谈到婚后住哪里的时候，特别是女性同胞，提出来绝对不能跟对方的父母一起住。这是时代的毛病，然后儿子就很为难，好像有了媳妇就不要父母一样。这是每一家都会碰到的一些问题，面对这些问题我们也没有说统一要求怎么样。我们只是劝告各位，你过小家庭可以，你要么就不要去上班，把担子挑起来，好好教养孩子。要么你天天与父母住一起，但是你就不能天天看父母不顺眼，你就要跟他们磨合，多多沟通，一起把小孩教养好，这样就对了。我经常讲，我们中国人的事情再复杂，家庭教育再难，六个字就统统解决了，哪六个字？很简单，**第一个叫作两难**。中国人的事情一切都是两难，去上班不对，不去上班也不对；跟公婆住在一起不对，不住在一起也不对；小孩不骂不对，骂也不对，没有一样是对的。因为我们不是外国人，所以没有这么简单。只有外国人说不可以就是不可以，中国人说不可以你就会想到为什么不可以，明明可以。

因为我们的社会环境没有西方国家那么单纯，很多人为什么喜欢西方国家？尤其到了美国以后，回来连做梦都在美国，就是因为他脑筋很单纯，他怕烦，怕烦的人是不长进的人。我们应该很庆幸，我们生在中国，我们会碰到很多麻烦，只有它磨炼我们，我们才会成长。这是我们身为中国人最大的福气，不要忘记，两难是我们故意设计的。说你这样不对，那样不对，你才会动脑筋，你的脑筋才会发达。

> 我们应该很庆幸，我们生在中国，我们会碰到很多麻烦，只有它磨炼我们，我们才会成长。

第二个是兼顾，兼顾就是不要像赌博一样，押这个宝、押那个宝，押错了怎么办？全盘都输掉。**兼顾是两边兼顾，面面俱到，兼顾是很难的。**

第三个是合理，我们要兼顾到合理的地步。两难、兼顾、合理，一切都解决了。所以你慢慢地去想，你的子女所碰到的问题其实都是两难的。比如爸爸叫孩子把地扫一扫，他马上想到有很多功课要做，他不听爸爸的话，爸爸会不高兴。而且他是家里的一分子，只叫他扫地，他就不想做，这不对。但是如果他很听话地去扫地，而且花很多时间将地扫得很干净，结果他的功课做不完，第二天到学校老师又骂他。那他怎么办？所以他就哭了，孩子哭就是两难。所以再说一遍，小孩天生就会哭，这是他求生存的一种手段。大人为什么不会哭？因为大人成熟，而且他会动脑筋，会动脑筋的人是不哭的。

脑筋不管用，想不通才会哭。比如父母叫他做的事情，他听觉得不对，不听也觉得不对，因为实际上他很想出去玩，可是他又很想跟父母在一起，于是想要把父母拉出去。但是父母又不愿意，孩子对外面越看越心动，于是两难。同样他看到玩具想买，可是又怕挨骂，也是两难，两难怎么办？一般人都是把它分开的。我们今天讲得很清楚，凡是分开处理的都是西方人的想法。

“你买不买？”这是西方人的问题。为什么要买？为什么不买？买又怎么样？不买又怎么样？中国人的脑筋是“合”起来的。所以有的人听不懂中国人的话，尤其是现代人，我讲一句很感慨的话，就是现代学问越好的人越听不懂中国人的话。因为他的脑筋呆掉了，他一定要说可以不可以，什么叫可以？什么叫不可以？你到底要怎么样？一区分就是外国人。

中国人的脑筋是“合”起来的，你看我们说要，就可以变成不要；我们说不要，就随时可以要。很多人很烦，听到中国人就很讨厌，那你去做外国人就好了。我们把可以不可以、不可以可以合起来，然后从这当中找到一个合理点，我们把那个合理点叫作中庸。但是说到中庸很多人又是搞糊涂了，什么叫中庸？中庸就是合理。我们教育子女就是要合理，因为

> 什么叫中庸？中庸就是合理。我们教育子女就是要合理，因为做人做事无非就是合理。

做人做事无非就是合理。

我们在中国社会，**只要任何事情你得到合理的解决，大家都会满意**。教育的效果也是求合理，要不要听老师的话？父母如果一开始就站在子女的立场开始骂老师，这样就形成子女将来不跟老师合作，最后一定是孩子吃亏，他怎么搞得过老师？可是父母一开始就站在老师的立场，子女就觉得奇怪，“我不是你生的吗？老师对我这样就算了，你也站在老师那边”，你看两难吧？所以中国人最好的方式就是不讲话，先听再说。小孩刚开始很气，慢慢讲到最后他会觉得其实老师也没有怎么样，你看，他自己会解决。你急什么？**有些人就是总想把事情赶快解决，最后事情越搞越糟糕**。其实中国人告诉我们时间可以解决很多问题，很多人觉得这句话是推托，那我问你推托有什么不好？推托到最后如果能解决问题，那不是更愉快吗？可见我们对于很多观念都是有偏差的，有偏见的。这是个人的问题，不是中国人的问题，任何事情你只要以两难为出发点，你就会将心比心，你就会觉得这个老师大概不会专门找小孩子麻烦。同样你会觉得小孩会说老师，也一定有他的道理。所以你就不会选一边站，你就不会很武断地说是老师错或者是小孩错，这样就比较兼顾。你看你对孩子完全不限制，最后孩子就会被你的溺爱、纵容给害死。

> 推托到最后如果能解决问题，那不是更愉快吗？可见我们对于很多观念都是有偏差，有偏见的。

小孩在一岁的时候，他是用哭来发脾气、求生存的，你看小孩不发脾气，父母根本不把他当一回事。小孩不哭则已，一哭就好像整个人要死掉一样，这个小孩就厉害了。哭了半天还没有昏倒的小孩有什么厉害的？我曾经看过一个小孩，一哭就昏倒，这个小孩最厉害。因为他的爸爸就开始急了，妈妈也急了。以后他稍微一哭，全家人都会很紧张。所以人是最会求生存的，但是到了两岁以后他哭就没有用了，他一哭你说再昏昏看，他昏了，你打他一下他又醒了，你灌他一下水他就醒了，你看有没有效果？**人是有效的时候继续来，没有效他就改变方向**。

你爱他，他就爬到你头顶上去；你不爱他，他就躲得远远的。他发现跟爸爸妈妈生气有用的时候他就用生气的方式；他发现跟爸爸妈妈生气没有用的时候，他就用另外一招，叫泄气，这招更厉害。他非常泄气，一泄气父母又搞不过他。小孩躲父母就糟糕，人一生都跟气有关。

所以孩子首先是生气，生气没有效果他就泄气，泄气就是没有表情，无精打采，父母就开始紧张，小孩怎么变成这样？然后就关心他，等到他长大以后，他就跟你斗气，就这三步而已。如果父母连小孩有多少步都搞不清楚，你怎么去教小孩？所以心理学家完全不了解这些东西，他不知道中国人要么讲理要么讲气。

孝道教育

最好的家教是孝行配上孝心

外国人从来不知道什么叫气，他们一讲到气就想到空气，中国人讲的气跟空气是不一样的东西，所以你爱跟不爱都不是问题，你怎么爱才是问题。我常常讲打小孩或者不打小孩都不是问题，但是你看到处都在研究要不要打小孩、应不应该打小孩，这不是在浪费时间吗？打不打不是问题，怎么打才是问题。你知道怎么打，你就没有什么打跟不打的问题；你知道怎么教，你就没有教跟不教的问题；你知道怎么爱，就知道没有爱跟不爱的问题。

> 你知道怎么打，你就没有什么打跟不打的问题；你知道怎么教，你就没有教跟不教的问题；你知道怎么爱，就知道没有爱跟不爱的问题。

西方国家的那些问题基本上都是存在的，但是我们都是学生，父母自己合理，小孩就会合理。父母自己不合理，小孩迟早不合理，因为他都学父母的。你看我们同样是**孝也有两种：一种是孝的行为，叫孝行；一种是孝的心，叫作孝心**。比如我有钱，我给父母过很好的日子，这是行为，但是可能没有心。很多人给父母很多东西是没有心的，只要他没有孝心，他的父母马上能感觉出来。

举个例子，有一个人当了老总，很有钱，然后过年过节就会送很多东西给他老爸。我就跟他老爸说“你小孩不错”，他半天不吭声。我说：

“你还不高兴吗？”他说：“有什么值得高兴的？”我说：“奇怪了，他对你还不够好吗？”他说谈不上的。我说：“那你倒讲讲看，你是什么想法？”他说：“我这个儿子送我东西，只是在我眼前显威风，是在说你看我这个儿子比你这个爸爸还行。他完全不把我当一回事。”这样我就知道他的感觉是什么样的。就是他的儿子有孝行，但是没有孝心，老实讲一个会当儿子的人，你越有成就，你越要找几个问题去请教你老爸。他就觉得你心中有他，你孝顺他不是做得好看，也不是在他面前显威风，也不是表现得你比他更有办法，这就对了。你看有些孩子大小事情不问父母，过年过节送很多东西给父母。爸爸就知道你这是在告诉他，你是靠你自己，你已经用不着他了。你只是显威风，所以用送他很多东西来标榜你自己，让他在你面前感觉到他自愧不如。你看你这样伤害父母，算孝顺吗？所以我们很多人，总是在那里尽心尽力，然后总觉得别人不对。其实我们只有一句话，没有一个人不对，只有自己不对。这才是中华文化，整天说三道四，把责任推给别人的不是中国人。

要问问你自己，你有没有孝心。行为是一回事，行为只要有钱谁都做得到。孝心是很难得的，是看不见的，而孝行是看得见的，孝行要受很多因素的限制。但是孝心是没有限制的，那有人会说，“我知道了，从此我父母的衣食住行我都不管了。我就天天打电话问他好吗，然后请教他问题”，那你是伪君子，你是虚伪的。所以这两个一定要兼顾，兼顾的意思是说你自己看着办。你有什么能力，你就表现出什么样子，我都非常满意。

一个人先有孝心，然后配合孝行，父母多半很满意。一个人基本上没有孝心，只有孝行，父母不会不知道。因为中国人在这方面最为敏感，他们还是知道你在干什么，这样一来，我们就知道，中国人的事情，从小到大、从简单到复杂，一开始你不要说一定是这样，没有一定。有一次我们在座谈会上有一个人讲不一定。大家都笑，这个笑的人是不懂事的人，因为中国人的事情本来就没有什么是一定的。比如你买辆汽车给你爸爸他一定会高兴？可能别人买的汽车他都开，就是你买汽车他不开，爸爸又怎么样？他本来就是不一定，因为我们的情绪、我们的心思是多方面的。不像西方人那么单纯，所以大家一定要了解到，我们站在两难的立场上是不会败的。既然站在两难的立场上，你就不能把话讲得太快，不能一刀两断地就把事情处理掉，所以中国人为什么要摸索？

我们一定要了解一下环境，我们现在把它叫作摸底，你把底摸清楚了以后，你就知道怎么去兼顾各方面的需求，你看妈妈比较喜欢出去旅行、爸爸比较喜欢去看电影。那孩子就糟糕了，他顺了爸爸的意，妈妈就不高兴；他顺了妈妈的意，爸爸就在那里生闷气，这不是让子女很为难吗？每个人都是很为难的。

我曾经碰到当领导的夫妇两个人共用一个办公厅。女人非常坚持地说："沙发我一定要用蓝色的，用其他颜色我都不喜欢。"而她的先生说一定要用白色的，任何有颜色的他都不要。所以如果买蓝色的，就会有一个高兴一个不高兴，如果买白色的，也是一样的道理，那怎么办？很简单。买蓝色的，然后套上一个白色的，如果有一个人来了，他就赶快叫人把蓝色的露在外面，走了再把它拿掉。有人说中国人鬼鬼祟祟，其实这叫作适应，这是他们自己找的麻烦。所以我们常常骂错人，常常看错事情。那你这样怎么教育小孩？老实讲我们的小孩都很聪明，都是被父母搞得乌烟瘴气，稀里糊涂的。

因为中国人的父母大部分不了解中国人，我们的社会为什么会这样？就是要你慢一点，不能快。一快就不能兼顾、一快就不能合理、一快就有人高兴有人不高兴，但是我们现在的很多事情都是要快，所以我每次都讲，快快，结果死得更快。**整个社会都在求新、求变、求快，那是西方人，不是中国人**。我们从小一定要记住，你的小孩是中国人。他将来要在中国社会生存发展，我们现在要教他，就是要教他把中国人做好。要他懂得中国人的道理，首先父母自己要懂，所以这六个字，大家好好去用，我们可以保证效果。两难，一开始就知道这个两难，这叫作慎始，一开始就很慎重。不要投机，不要说“我一定是这样”，不要说“你们一定要听我的”，这都是不对的。第二个兼顾，兼顾就是多方面地考虑，想想这个、想想那个，将心比心、设身处地。然后找一个此时此地的合理点。

所以为什么中国人换一个地方他又变了？因为时间地点一变，他的合理就变了。比如你到底是先喝汤还是先吃饭？各有各的说法，西方人是先喝汤，然后再吃饭；中国人多半是先吃饭，然后喝汤。各有各的道理，你要选哪一种？你自己看着办。我在中国的时候是不喝咖啡的，但是你不要认为我就是不喝咖啡，我在美国会喝咖啡，所以很多人觉得很奇怪，问：“为什么你在中国不喝咖啡，而是跑到美国喝咖啡？”我告诉他：“我在中国有好茶喝，为什么要喝咖啡？可是我到美国连好茶都没的喝，那我就喝咖啡。我难道要虐待自己什么都不喝吗？”这样就好了，他说“那你也可以试试可口可乐。”我说：“我不试，因为那东西是伤害身体的，我喝它干什么？”这样就对了。我们变是变得对自己有利，变得合理，不是盲目地乱变。

如果你到美国坚持要喝茶，你是最倒霉的。你要茶对方会给你茶，但是他从来没有好茶，那种茶你连喝都不想喝。你在中国一定要喝咖啡，那是你的事，因为在中国很少能喝到好的咖啡、很少能吃到好的牛排，那你完全是自讨苦吃，自己找麻烦。所以大家才知道，中国人你问他要什么，他都跟你讲随便。就是他自己都搞不清楚，他没有办法选择，他才讲随便，我们现在说现代化人是不能讲随便的。随便不是随随便便，随便就是两难，看着办也是两难，不一定也是两难，再想一想还是两难。所以凡是中国人的话，你听懂了就知道他是告诉你两难。

比如明天家里人要不要去旅行？说要，很多人都不高兴；说不要，也会有很多人不高兴，尤其是小孩子，你说要，明天一旦变成不要他就开始哭了，小孩子没有大人那么大的弹性。但是我们现在大人也变得没有弹性，人活着就是要有弹性，没有弹性这个人活着跟死人一样。两难、兼顾、合理，大家可以去试试看。很灵光，很有效，简单明了，这是我们家庭教育最好的原则。

第六章　怎样建立正确的亲子关系

家庭不谈法律，家庭也不谈道理，家庭就是亲情。亲情就是小孩做错了，父母不能骂他，也不能不骂他，你要有一套方法把他引导出来，这样才叫亲情。

爱上阅读（上）

这样教育，熊孩子也会好好读书

人生要做的事情很多，我们需要有多方面的兴趣，然后才可以在适当的时间做合理的事情。但是我们要在这些不同的兴趣中找到一个最重要的，那就是读书，读书的兴趣是一辈子都受用不尽的。比如你说你会打乒乓球，那你能打多久？你说你喜欢做这件事，我再问你，你能做多久？只有读书是从小到老随时都可以做的，而且时时都是很重要的事情。因此，我们有一句老话叫作“万般皆下品、唯有读书高”。你看很多人都在骂这句话，实际上很简单，你只要不是为了升官发财，读书没有一样是不好的，除非你想靠着读书来升官发财，当然会有很多人不会同意这个说法。如果你不是为了升官、不是为了发财，而是因为你很喜欢读书，我相信没有一个人会反对。

> 我们要在这些不同的兴趣中找到一个最重要的，那就是读书，读书的兴趣是一辈子都受用不尽的。

所以，万般皆下品、唯有读书高，它的先决条件是你的动机是为了求知、为了求上进、为了更了解宇宙人生而不是为了升官发财，当然附带的升官发财我们也不会反对，这样大家才知道中国历史上有那么多有名的人，而且在我们中国人心目当中有两位是最了不起的：一个是孔子，一个是关公。那么这两位有什么了不起之处呢？他们既没有当皇帝，也没有做大官，没有创立什么事业，更没有发大财，什么都没有。但是我们把孔子叫作文圣人，把关公叫作武圣人，其实很简单，就是孔子告诉所有的中国人要读书，而关公告诉大家要讲忠义，如此而已。这样可以知道我们中国人不管环境怎么变，人生最重要的品德在于讲忠讲义，而兴趣方面就在于读书。当年胡雪岩跟左宗棠合作的时候，左宗棠每次看到胡雪岩都讲一句话，他说你就算是不为功名也应该多读书。很多人认为读书就是为了考取功名，为了升学，为了考试而不得已的选择。其实读书是为了求知，是为了避免自己无知，是为了求上进。读书让我们活一天就更懂得一些道理，这不是好事情吗？所以我们今天总觉得一些学习型组织都是美国人倡导的，其实两千多年前孔老夫子就告诉我们：**要活到老学到老，学到老活到老，学习是要一辈子做的事情**。读书如果没有兴趣就觉得很苦恼，你看有的小孩一看到书就犯困，一看到书他就恨不得丢掉，这就是从小没有培养他的习惯，就算不为功名利禄，多读书总是好事情。

但是，读书不明白道理还不如不读书，所以中国人又说了，尽信书不如无书，你完全相信书里面所写的内容还不如干脆把书丢掉。你去看，越是生活在乡村的、越是没有读什么书的人越懂得道理，凡是读书读得多的人基本上不懂道理，这不是很奇怪吗？就是因为有些人有了知识以后他就把道理丢开了，然后天天跟你讲很多知识，但是知识本身有很多是不合道理的，也就是有许多有待考验的知识。知识有两种，一种知识是很合乎道理的，比如我们会觉得一个东西不但可知而且可行。另一种知识它根本就行不通。所以有的知识懂一懂就好，不必花太多心思，因为那不合我们用，所以我们现在读书读出来的结果是要看看合不合我们用，合我们用的就是合乎我们中国人道理的，我们就拿来用，不合乎我们用的我们也不必排斥它。

> 知识有两种，一种知识是很合乎道理的，比如我们会觉得一个东西不但可知而且可行。另一种知识它根本就行不通。

比如你们全家要出去旅游，父母刚宣布这件事情，小孩马上说不行，他不能去，妈妈问为什么，他说他已经跟三个朋友约好了要去远足，所以不能跟父母一起去。那我问你，你怎么处理这件事情？你如果说："不行，爸爸妈妈难得一起出去，你要跟爸爸一起走，至于你朋友那些人随时可以约，随时可以改期。"小孩说："不行，我们约好了。"你说："怎么不行？我替你打电话。"你打电话过去替孩子改约，替孩子决定是容易的，马上就解决了，但你认为这样对不对？合理不合理？你如果说不合理，那你就是西方人的思想，西方人是不容许你这样做的。西方的父母要出去旅游，小孩有困难说他已经有约了，做父母的要支持他。小孩说他不去，那你们去了之后他怎么办？父母还要替他想办法解决这个难题。中国父母如果这样做的话，那我想这个小孩将来长大以后就是很典型的个人主义者，他就没有什么家庭思想。我们从这个方面去考虑，中国人的做法一定是叫孩子去旅游，只不过父母打电话去改期也是不对的。所以我们对里面有不对，不对里面有对，这才是中国社会。你可以告诉孩子不急，让他去跟朋友商量商量，看看有没有什么好的解决办法，千万不要一开始就由父母来改期。

当小孩子找到自己的朋友说："糟糕，我爸爸要出去玩儿，我要跟他们一起去。"他的朋友正好说："奇怪，我爸爸也要带着我出去玩。"这时候好像大家都想出去玩儿。那小孩说："我们的事情怎么办？"他的朋友说"我们可以改期"，如此什么事情都没有了。父母在这里搞了半天，孩子那边两句话就解决了。

在美国社会，两个家庭都要支持小孩去完成他们既定的约束，因为他们认为那是做人的根本，讲话要有信用。中国人认为讲话要有信用与这种鸡毛蒜皮的事情就没有关系。

我们认为很重要的西方人不一定认为很重要，我们认为不重要的西方人会认为很重要，这是因为国土人情不一样，没有谁对谁错，这个才叫作国际化的态度，而不是说我们全盘西化，老实讲今天还在讲全盘西化是老掉牙的事情，只要是稍微有脑筋的人绝对没有人敢讲什么全盘西化，因为那已经辩论过100年，所有人都知道是行不通的事情。尤其很多人一辈子没有到过国外，然后天天讲国外，说北欧性开放以后性犯罪就减少了。我觉得奇怪，就问他你怎么知道？他反而说不出来。

我是到过北欧的，我到北欧也没发现性怎么开放，他们的性开放是在很特殊、很特定的地方，一般人还是规规矩矩的。其实美国好莱坞已经开始要女孩子重视贞操，要讲究谁是处女谁不是处女，好莱坞一直说性开放，一直说不要讲什么处女，然后拍出一部电影叫作《美国最后的处女》，就代表美国从此没有一个是处女，但是今天好莱坞已经讲出来，他们要处女，因为美国人是求新求变的，变到最后没有办法变又恢复老古董了。

没有常常去美国你怎么知道美国是什么样子的？从书上看的永远是老旧的资讯，电影不是现实才叫电影，所以**读书要明白道理，而不是死记那些知识**。我们现在满脑子不是知识就是权利，中国人是不会相信这句话的，那是西方人的事情，不要把它当真。你要一个小孩读书明理最要紧的就是让他有兴趣，比如对读书有兴趣。老实讲一个人有兴趣做什么事情他都不会累，也不需要你去逼他；一个人没有兴趣做什么事情都会累。比如打麻将这件事，如果你对打麻将没有兴趣，但是规定你一定要打麻将，你就会痛苦不堪；如果你对打麻将很有兴趣，在牙齿痛得要命、两腿无力、疲惫不堪的情况下，一听到打麻将你马上就说，来来来，不累不累。**所以人对于有兴趣的事情是不会感到累的**。同样的道理，有的人对读书没有兴趣，一看到书就觉得累；有的人一天到晚读书不会累，因为他对读书有兴趣。

所以做父母的不要跟小孩讲他一定要读书将来才会有出息，他不会听的，父母最简单的就是教育孩子从小养成好的习惯。我看到很多家庭都有这样的好习惯，晚饭后，妈妈把家里整理好了就

> 做父母的不要跟小孩讲他一定要读书将来才会有出息，他不会听的，父母最简单的就是教育孩子从小养成好的习惯。

带着小孩去洗澡，洗完澡妈妈又带着小孩到卧室里面去读书给他听，拿图画给他看，妈妈给孩子讲故事，小孩自然到时候就想读书，就想听故事，他慢慢就会自己去看。大人要以身作则，一有空就看书，小孩自然会学你，现在没有，大人在家没事干，要么喝酒聊天，要么看电视，那我们的下一代会怎么样？每个人都是看电视、打电动、玩手机，最后整个脑筋就会坏掉，所以大人要改变一下，爱读书的小孩不会变坏。

爱上阅读（下）

阅读到最后要重视文字

兴趣有时候只能维持一阵子，所以一定要持续地去加温，因为功课会越来越难，小孩子碰到难的事情就不想学。

其实我小时候数学也是很差的，我大学本科本来是学师范的没有错，但是师范里面也有很多科是学工的，我在师范里面就是学工的。但我一碰到机器就是不会操作，每次一弄到车床的时候，人家一弄就会好好的，我一弄，老师一定会跑过来，我一定要出乱子，但是这和我的今天没有关系。我如今常常告诉自己，我大学没有学好，我以后才会学得很好，如果我在大学学得很好，我现在就去搞工科的东西，但是那些我都不懂，不见得怎么样。焉知非福、焉知非祸。虽然小学数学没学好，考大学数学考得也很差，但是学习的兴趣我一直有，而且我考国文分数很高，以我的国文成绩进到大学可以免修国文。有人说："你读工是靠国文，怎么读得好？"我说："没有关系，我研究生的时候读得好一点，我博士课程学得好一点，不就补回来了？这有什么关系？"

所以，千万不要说，数学没有学好就注定没有希望，我后来数学也是要学，不然我怎么学工？我慢慢从别的地方引回来还是有兴趣的，所以中国人要有耐心，你从小自己就常读书，将来读书给小孩听，选择适合的材料给小孩，家里面不要放什么酒柜，最好是有个书橱，我经常到一个家庭里面去会看这家客厅到底是酒柜，是古董橱子还是书橱。父母最好给小孩一个读书的地方，书桌不在乎大小，父母要给孩子一个环境，让他坐在那里，会拿起书去做作业，要不然他怎么办？其实，我那个时候比较穷，一直到高中连个书桌都没有，我都是吃完饭以后，家人把桌子擦好我就利用那个饭桌做功课的。

孩子要做什么功课父母帮他看一看，不是替他做而是陪他，让他做完，做完收拾好，最后洗完澡带他上床读书给他听，将来他长大了就会读给父母听。这个是不管家里怎么穷都可以做到的，书买不起可以借，但是记住要找合适的书念，不要念了半天听不懂，要鼓励孩子读书，顺便说一下像《三字经》《弟子规》这些老书现在很多人不读了，也有很多人重新再读。你看很多地方已经发起一种叫作儿童读经的运动，因为小孩子的记忆力非常强，我们大人根本记不住的内容他一下就记住了，那父母为什么不让小孩子在记忆力最强的时候多背一些书，将来可以出口成章呢？因为我们的脑筋就是资料库，你记不住，它就什么都没有。像我们现在能讲出一些东西来就是因为从小背了很多、记住了很多东西，那时候不理解有什么关系，会背就好了。不然等到你能理解的时候再背，而记忆力很差，已经记不住了。虽然我对胡适先生一直是很敬佩的，但是他那一套说不要背书的方式我是反对的。我们小的时候记忆力很强，长大了以后慢慢才有了理解力，如果小孩子光是搞那些他懂的东西那他永远记不住，等到他长大了想记已经来不及了，所以小的时候不管他懂不懂，背到他记住了，他长大就会很自然地把背的东西再拿去理解，他就懂了很多东西，这样查了资料库才会充实。

当然，不要勉强小孩子，因为兴趣是勉强不来的，兴趣是要启发、要培养的，父母更要以身作则给孩子看，不是硬性规定他要做什么，那是没有效果且不合理的。所以不是不急，而是不要过分，因为你要求太多，孩子觉得反正做不到，最后就放弃了。因此我们要给他合理的休息、合理的读书的时间，然后通过各种方法来鼓励他的兴趣。

因为我们现在已经慢慢不重视文字的东西，这是非常糟糕的，**阅读到**

最后是要重视文字的，不管用什么动画、什么电影、什么视听教材，到最后如果没有回归书本的话，学问是做不出来的，道理是搞不清楚的，为什么？因为当你对动画很有兴趣，看完就完了，电影同样是看完就完了，没有回归书本。为什么书本那么重要？因为书本可以反复地看，看一段可以想一想，现在没有时间合在那里，以后有时间还可以继续打开看，有什么意见可以写在上面，过一段时间再检查，这样才有办法学习。我们现在有很多错误的观念，比如说小孩子没有耐性，不适合看文字，我们尽量通过电影使孩子接受教育。

我是台湾最早受视听教育的人，我深深感觉到所有视听教育对于我们都是有帮助的，但不是主要的，小孩看得很有兴趣但最后记不住，一无所得。视听教育是为了引起孩子的兴趣，但是千万记住最后一定要回归书本。读书就是有那个课本、有那个书可以翻阅、可以复习、可以注记，可以拿去请教别人。我不反对看漫画，漫画偶尔看一看也可以。但那些画漫画的人是否真的懂得经典内容的道理？虽然画得很有趣，但是整个画斜了，你去看日本人写的《三国演义》就不像《三国演义》，因为他没有抓到《三国演义》的精髓，最后把我们的小孩误导了。

> 读书就是有那个课本、有那个书可以翻阅、可以复习、可以注记，可以拿去请教别人。

所以，我每次看到日本的那些东西我是觉得很可怕的，他们有没有意识要改变我们的文化我不敢说，但是最起码我们受害了，纯正的、经得起时代的考验的东西我们不相信，难道要我们相信那些刚刚出来的东西吗？这不是很奇怪吗？你看一件事情传那么久就表示它是经过长时间的考验，大概不会错到哪里去，刚刚出来的东西我是有点儿害怕的，因为它本身可能没有成熟，也可能一阵子以后都不见了，那我怎么可以把它当作可靠的材料？我常常主张说一家餐馆刚开始出来的时候我不会去就餐，如果一个月过后餐馆生意还很好，我就觉得大概可以去试一试。为什么我们今天会有百年老店？就是100年都过去了你还怀疑什么？去新开的店万一吃坏了肚子怎么办？找谁？我不是说一定不好，而是比较有风险性，要不要冒险是你的事，我们不会强制，不会施压力，不会硬性规定，但是我们一定要尽力把它启发出来。有的父母跟我讲："我不认识字怎么办？"不认识字就不能教小孩？也没有那回事，你可以把小孩带到别的地方去，请人讲给他听，你也顺便在旁边写，这样不是很好吗？只要你有心，你的小孩永远找得到好老师，所谓好老师就是能实实在在、原原本本把真实的东西教给你的小孩，而不是有很多的主张，为求新求变弄些乱七八糟的东西，那是很危险的事情。当老师的人讲话要有根据，不可以爱怎么说就怎么说，这叫作师道，所以一个人总是要创新，总是要把以前的东西推翻掉，这个人去开玩具工厂最好，你看做的玩具都是不一样的，有的玩具你看着不错，带回家玩儿两次就坏掉，就丢掉了。

教书不要这样，因为会害人家一辈子。孔子的话我们要会解释，要会体会，不是把它弄得很僵化。我经常讲凡是把中国人的道理弄得很固定、弄得很僵化就全错了，我们没有这套理论，**我们一切都是很灵活，随时在改变的**。但是你说中国人变，他说他没有变，你说他没有变，他都在变，全世界只有我们国家的人这样。什么时候有这样的功夫，你就真的懂得中国人的道理了，你自己就可以好好地讲道理，但是小孩要不要接受是小孩的事情，父母不要勉强他，你不勉强他，他乐意跟你学，你越勉强他，他越躲避，这也是人性，**读书的兴趣一辈子都很重要**。

鼓励教育

夸奖也会适得其反

我们要把小孩教成什么样子？我相信大家心里都很清楚，最好是教出可爱的子女，不是能干的，也不是很有才艺的。可爱不可爱，是我们看小孩子的一个标准，一个小孩子太早就像成人一样，他是不可爱的，因为他已经失掉了小孩那种可爱的纯真。一个小孩看到你就过来打招呼，这个小孩已经不可爱了。一个小女孩，看到人来赶快躲在爸爸的背后，然后把头伸出来看一看，这个小女孩是很可爱的。

我想每个人都有自己的标准。有的小孩一看就很可爱，谁都喜欢他，就不会去打击他、伤害他，有的小孩人家看了就是不觉得可爱，你很行又怎么样？你背了很多书又怎么样？所以什么样的小孩可爱？就是父母不在人前一直吹嘘他们的小孩，这个小孩是最可爱的。很多父母就是吃这个亏。因为爸爸比较忙，很少谈这些事情，所以尤其是几个妈妈在一起，都在讲一件事情，就是讲自己的小孩多好，我保证没有人会听，因为每一个人的心思都放在自己的小孩身上，都拼命替自己的孩子吹嘘，谁还听？每个人都讲自己的小孩，你的小孩怎么样她们一句话都没有听进去，你讲给谁听？但是很多母亲不了解这个。

可爱不可爱由人家看，我举这样的例子大家就很清楚。有一部电影，你想去看，就问你的朋友：“这部电影好不好看？”他说很好看，但是你去看完之后，大部分都是失望的。因为你的期望太高，所以当你看完的时候，你回来就开始埋怨："那么难看的电影，还给我讲好看？"有很多话你是不可以讲，也不值得讲的，他要问是他的事，你不讲就是不讲。这才对，哪有说人家问你就一定要讲？

你看我们看一个小孩，我们有先入为主的观念，别人说这个人，样样都很好，你就觉得很可爱，开始说他是神童。但是当你看到后，没有这么觉得，这个小孩就不可爱了。

> 会做妈妈的人，是不会跟别人讲自己小孩有多可爱的，小孩自然就会得到很多可爱的反应，这是大多数妈妈没有了解到的事情。

会做妈妈的人，是不会跟别人讲自己小孩有多可爱的，小孩自然就会得到很多可爱的反应，这是大多数妈妈没有了解到的事情。我也有小孩，你看我讲到这个时候，很少去提到我的小孩，是因为我没有权利去讲他，很多人在电视上讲他女儿怎么样，他儿子怎么样，那你女儿有没有同意你这样讲？你看我要给我小孩红包，我会在电视上给我小孩红包吗？我这样做他会有什么感觉？他心里想：父亲是要全天下的人都知道，他这么大还在用父亲的钱。你是什么用意？我们没有这个权利，要搞清楚，父母给孩子多少钱，要在私底下给他，我们太多的错误自己不知道，所以小孩越来越不高兴，这是因为你伤害了他的自尊，他的事情你有什么权利讲呢？就好像你的小孩一天到晚在外面讲你怎么样怎么样，你听到也会不高兴，也会觉得他在外面乱讲话。因为小孩也不知道什么话可以讲，什么话不能讲。

举个例子，有一天一个小女孩跑过来跟我讲："哎呀，我告诉你，我爸爸睡觉是不穿衣服的。"我听了有什么感觉？你爸爸睡觉穿不穿衣服是他的事，你有什么权利去讲呢？可是奇怪的是现在人都没有这样的想法。你看我们在电视上可以看到很多奇怪的现象。有一名电视记者指着一个大力士问一名中国的妇女："他又强壮又帅，你想把他带回家吗？"其实被问到的人很倒霉。所以为什么中国人看到镜头会躲，他会保护自己，他上了镜头他就很倒霉。

因为人家会看，看了以后会想，人家想的跟你想的经常是不一样的，因为中国人是阴阳文化，凡是你说好的，对方多半想是坏的，你说坏的，对方会想不会那么坏啊。为什么中国人要谦虚，很多人说谦虚就是机会，他就是不懂中华文化。你看我们请人家到家里做客，都说是粗茶淡饭。如果你一请客就说你看，我把最丰富的食物拿出来请你。他就心想这么普通，还说丰盛。

我们要好好去想一下阴阳文化，凡是你越想要的，你越得不到，就是这个道理。我们教养的子女没有好坏，做父母的也没有好坏，子女的长处父母要接受，子女的短处父母也要接受。我们家里没有恩惠，你既然做人家父母，你就应该做这些事情。我们也不要勉强，因为勉强你就会有一种孩子亏欠你的感觉。做父母的不能跟子女讲，你赚的钱都花在他身上了，你对他这么好他居然敢这样。你的子女会感动我是100个不相信的，因为这是你想要讨回，那你干脆不要做父母好了。很多人不了解人性，不了解亲子之间没有什么权利义务。家庭不谈法律，家庭也不谈道理，家庭就是亲情，亲情就是小孩做错了，父母也不能骂他，也不能不骂他，这叫作亲情，你要有一套方法把它引导出来，这样叫亲情。对了就赏，错了就罚，这不是父母，你去当法官就好了，把家庭当法庭，算什么父子呢？

千万千万记住，我们没有办法改变子女，你的子女自己改变是做得到的，你要去改变他，那是笑话。

千万千万记住，我们没有办法改变子女，你的子女自己改变是做得到的，你要去改变他，那是笑话。

很多父母给我讲，你看我把我小孩教得爱整洁了，我心想你有什么本事教他，你的小孩要学好，他就去学好，他要学坏，你一定帮不了。老师也是一样，他不会教好学生，也不会教坏学生，要好要坏是学生自己的事情，跟老师没有关系，我们常常把因果关系搞错了。你的子女想好他就会学好的，他想学坏就会学坏的。

你看一个爸爸抽烟，他的小孩也许抽烟，也许不抽烟。我爸爸是抽烟的，因为在那个时代很少人不抽烟，但是我就不抽烟。有的子女就跟着抽烟，所以不存在“是你把人家带坏的”这种事情。我爸爸抽烟，他还叫我点烟给他抽，试想，点烟不抽烟，有这么笨的人吗？但是我还是想算了吧，我就不抽了。

所以没有说谁把谁带坏、谁把谁教好这些事情，父母都是尽心尽力去做，孩子可能仿效坏的，父母没有办法；他可能仿效好的，父母同样也没有办法。

教育有没有效果，你的子女会学好或是学坏，其实跟你怎么教没有太大的关系，我们不要把教育看得很神圣、很了不起。**你的品性，你有没有存好心、做好事、积上德，这个才是关键**。

有的父母忙得不得了，子女独自成才，也很好。有的父母没有怎么教，孩子也很成才，因为他有善心，做好事积德，他的小孩自然就成才了。有的父母很认真，花钱请家教，千方百计想把小孩教好，就是教不好。我经过四五十年的观察，凡是小孩循规蹈矩、按部就班，逐渐发展的，你去看他父母，德行都很好；凡是小孩搞乱七八糟的，即便是很重视教育的家庭，也会乱七八糟。

台湾有一个教授他就专门讲家庭教育，讲到最后辞职了，因为他小孩就是在社会上胡作非为，只要你讲家庭教育讲到你的小孩在外面胡作非为，你有什么面子讲？所以他最后不但辞职还跑到南洋，不敢在台湾待了，有人看到他露出的那种表情，他就是难受。所以你再用心，你的子女不一定好。

这个要大家自己去选择，所以我们一方面要好好地教自己小孩；一方面还要在做事情的时候凭良心，多积德，能够帮人家忙的，尽量帮人家忙，不要老是计较。你的小孩一定会好。

所以为什么我一直在讲中华文化跟福气很有关系，福气来了，小孩很快就可以变好了，你看有的小孩刚出生的时候三天两头生病，最后活到七八十岁。就是他本来没有办法活那么久的，但是因为他得到祖先的德荫。我们常常讲，受祖上的德荫，就是这个道理。比如这个孩子的DNA里面有癌症，他可以30年就发病，也可以70年再发病，一个人有癌症到80岁才发病，等于没有癌症。所以那个基因里面有癌症又怎么样？有的5岁就发病了，有的80岁才发病。还是不同的，还是不一定的。所以我们在品德修养方面要多做示范，身教重于言教，处处表现你很规矩，你很约束自己，你有一些好习惯，子女自然会跟着，实在跟不了，那没办法，你也心安理得，因为那还是祖上无德。

学会自爱

可爱比优秀更重要

父母除了以身作则之外，一定要教，这叫作以身作例。假定我喜欢打麻将，我又改不了，如果我为了教小孩什么都要改的话，那我也不愿意，我是为了扮演圣人，我又做不到，那不是很苦恼吗？所以我能够做好的，我就以身作则，我实在做不好的，我还是会打麻将，但是我会跟我的小孩讲："你看爸爸小时候染成的坏习惯，好多都改掉了，就是这个改不掉，但是我还在改，你也帮助我改。"要把自己当作一个坏的例子告诉孩子，这样就好了。

我曾经讲过爱搞笑的人将来是很麻烦的，有人问我搞笑有什么不好，也有人说他已经搞笑习惯了，不搞笑他很难过，那怎么办？很简单，去告诉你的小孩，"我就是那个时候没有注意，这件事情本来不应该这样，但我还是这样，这是坏习惯，你不要学"，就好了。

听到一件事情就好像人要倒掉一样，你还能做什么事？你看有的人的手势故意弄得很搞笑，这哪里是正常的人呢？正常的手势是从你的心里面发出来，是配合的，是自然的，但是现在很多人是做作出来的，他故意跟别人做不一样的动作，就是搞笑，如果他的小孩跟他一样地搞笑，那一辈子完了。因为搞笑是在特定的范围之内可以做，大部分地方是不能做的，现在有的人是在大马路上搞笑，然后把警察引来他就很高兴，抓就当没抓，最妙的是还会有人把他当英雄，现在有一种"快闪族"就是这样，比如几百个人约好，一下来，然后又跑掉了，也是搞笑的一种。

如果把这些变成正常的生活方式的话，后果会怎么样？所以现在很多人都说，没有关系，这就是相怨，不是多元化。

父母千万记住在私底下要有条件地鼓励子女，比如小孩子数学成绩有进步，你要给他鼓励，你说："你看看，稍微用功一点你就进步了，可见你是会的，但是你不能这样就满足，你还是要继续努力，只要你养成好习惯，妈妈就很高兴。"这样才对。

父母不能说，你今天考90分，奖励你多少钱，那以后孩子就偷看别人的答案就好了，他的目的是拿到钱，不是要求上进。所以父母私底下教育孩子要有规矩，而且要给他鼓励，叫他进步，不要让他骄傲。

这样大家才知道为什么外国人得到一个奖他就哭得不得了，中国人拿奖是平常心，因为他还要进步，他知道后面还有更大的奖在等待他，那他拿奖不能说"这个奖老早就应该给我，到现在才拿好像迟了一点"这样的话，这种话有几个人听得进去？因为那个奖杯本来就没有什么，这个才是对的。

当然运动员是除外的，一个人要在马拉松得冠军真的很难，一辈子大概就这么一次，那当然会哭，至于说一张小小的奖状，或是就算给你一个皇冠又怎么样？因为我们还要不断地进步，不能为这个小小的奖牌就搞得自己的人生好像到此为止了。

所以可爱的人就是很自爱，你看一个小孩看到大人会让，这个小孩就很自爱，就很可爱，将来他会很有成就，因为他会保护自己。现在小孩看到大人是不让的，不让就会被撞，你撞得过大人你就撞。

其实自爱就是保护自己，父母要教小孩保护自己，没有人保护得了他。现在有些小孩出来表现，父母就让他去表现，小孩所受到的打击很大，他挫折感会很严重，最后他的人生就会很苦。比如你看到车子会说，去撞车吗？你只会说，躲开就不会受伤，看到人也是一样的道理，撞了你会倒霉，因为总有人比你高大、比你壮，所以为什么我们中国人讲让、西方人讲争，大家好好去想一下，全世界人都会争，只有中国人最高明，我们用让来争，外国人哪里懂？我们要告诉小孩，“你撞不过大人，他也不会让你，你躲一躲没有事，不急，早五分钟、迟五分钟没什么关系”，这才是对的。有些人快快快，就是为了争取那五分钟，这个人一辈子都会很劳碌，一辈子都会很命苦。

你看很多乡下的老太太，她做什么事情都是不慌不忙的，外国人觉得很奇怪就说“你竟然也活这么久”，她说“我就是不慌不忙才活这么久”，一句话倒过来，道理就出来了。外国人觉得很奇怪：“像你这样做事情慢吞吞的，你又很闭塞，你怎么活这么久呢？”那个老太太说：“我也不懂，大概就是因为这样，我才能活这么久。”就够了。

> 你的小孩让你觉得可爱是没有用的，要让别人觉得可爱，他才有发展。

我们不要把自己的小孩拿去跟别人的小孩比，在每一对父母心目当中就是自己的小孩最可爱，但你的小孩让你觉得可爱是没有用的，要让别人觉得可爱，他才有进步。如果只有你说自己的孩子可爱，所有人看了之后都觉得你言过其实，太夸张，这是你自己在找麻烦。

我们要让小孩自己跟自己比，他就没有挫折感，不要对他要求太高，因为那样太困难，每天都进步一点就好，我常常讲要评价建筑师的好坏，你去走一下楼梯就会知道，有的人设计的楼梯让你走起来很吃力，一个台阶那么高，跨上去就精疲力竭了。有的人设计的那个台阶不高不低，你走起来不累很舒服，就好了。大家都有梁柱，大家都有屋顶，没有什么不一样的。太低走起来很吃力，太高也很吃力，所以一定要看这个小孩子的程度，给他设定一个台阶的高度，帮助他很轻松、愉快地求进步。

我常常跟很多年轻的朋友讲：“如果你觉得太辛苦，就表示你要求太高，你的要求那么高，你的进步不可能大，因为你爬两三阶就很累，你就要休息老半天，人家要求不多，但是人家进步很快，最后他成绩还是比你好。”

我想这些道理才是我们要潜移默化让小孩知道的。但是有些父母现在把目标搞错了，大家都希望自己的小孩成绩比人家好，认为小孩子成绩比人家好就会让所有同学都喜欢他。我常常问很多人，“如果你的老板说，你最近表现不错，在你同学里面找一个人来跟你一起工作，我们需要人”，你会立刻想到同学里面成绩最好的人吗？我想不会，你想他来你完蛋了，你大概会想那个成绩比较差的，这样大家才知道为什么在学校成绩好的人出去都没有什么发展，就是他始终被打压着。

很多人说中国人小气，见不得人家好，抱怨1000年也没有用，谁叫你不自爱。一个人成绩好，也要照顾人缘，人家才敢用你，成绩好就骄傲，就看不起同班同学，你出去找谁谁都不理你，没有一个人会想到你。所以如果我的上级对我很欣赏，他要我找来一个同学，我要找来的人一定不会打击我，一定会跟我合作，这是先决条件，如果他很能干，又不跟我合作，我会死得很惨。历史上这样的案例太多了，同窗的同学，最后斗得很厉害，最后都是被同班同学活生生害死的。谁叫你不考虑他的人缘，专门考虑他的能力？

所以你的小孩成绩好，就是害他一辈子，当然大家不要说，我们要求他成绩不好，因为好就是不好，不好就是好。比如我爸爸从小跟我讲，考试成绩及格就好，考那么好干吗？但是我还是会尽力去考，我如果会因为我爸爸讲考60分就好，我就真的每一科都考60分，这个也很了不起，但实际很难，有时候不凑巧考了89分怎么办？那我考89分就考89分，考60分就考60分，我爸爸从来没有骂过我。我反而很自由自在，还会对自己要求高一点。有的父母是非要孩子考90分，考89分打一下，考80分打10下，那父母是逼他涂改成绩，要么他就是收起来不让父母看，而我们要塑造的是一个可爱的孩子。

> 孩子可爱不是父母决定的，要你的亲戚、朋友、邻居，大家都觉得他可爱，他才是真的可爱。

最后提醒大家，孩子可爱不是父母决定的，要你的亲戚、朋友、邻居，大家都觉得他可爱，他才是真的可爱。有人说每一个人的看法不一样，不错，但是每一个人的感觉都一样。但当你说这个花好看，有人就会说它不好看；你说它不好看，有人就会说“不会啊，很好看”。你去试好了，中国的阴阳文化有它的一套。

第七章　孩子各阶段不同的教养重点

孩子是从小到大慢慢地成长、发育，所以父母要教养小孩，就要明确孩子不同的成长阶段所具有的特点和需求，进而掌握不同阶段的教养重点，从而培养一个优秀的孩子。

知错改错（上）

孩子犯了错，家长怎么做

父母会希望自己的子女永远不犯错吗？我想大家稍微想一想就知道，这是不可能的事情。人非圣贤孰能无过，每个人都会犯错，我们就是不断地在错误当中长大，怎么可能要求小孩不犯错呢？

所以**父母只要培养孩子有错必改的勇气，这样就好了**。你看当年孔子并没有要求大家不要犯错。孔子甚至承认每一个人多多少少都会犯错。他希望我们要“不贰过”。“不贰过”就是同样的错误不要犯第二次。我们今天培养小孩子多半说人家对你好，人家送你东西，你要说谢谢。你做错了就要跟人家道歉，这个对不对？我希望大家了解，人有一部分是从身体发出来的，有一部分是从外面压进去的。凡是孩子做错了就叫孩子要道歉，这个是从外面压进去的，不是自发的。

你看现在因为父母常常要求孩子做错了就要道歉，所以他就养成一种道歉的习惯，他觉得以后做错事不用改，道歉就没事了。你看那些年轻人后面背着个大背包，走过来撞你一下，然后说对不起对不起，回过头又撞你一下，再说对不起对不起，你会愉快吗？所以当你背后背了个背包的时候，你要提高警觉，因为你后面没有长眼睛，背包随时可能撞到人。所以你要想办法把它拿下来，放在前面用手抱着出去，确定后面没人之后再背上去，这才是正确的态度。现在没有，都认为自己背背包没有错，然后在东撞一下西撞一下之后非常有礼貌地到处跟人讲对不起，这不是中国人。

所以当你发现你跟人家讲对不起的时候，人家都没有表情，也没有回应，你慢慢就要感觉到此路不通。你跟一个外国人道歉，他一定会回应没关系，而中国人是不回应的。他心里想：你撞到我了，我会痛，不是你光用嘴巴讲道歉就可以的。大家什么时候了解到这一点，你就知道一个很有礼貌的人他的内心不一定是关怀别人的。

我也看到很多妈妈在教他的小孩要有礼貌，比如会教孩子说“谢谢阿姨、谢谢妈妈、谢谢爸爸”。“谢谢阿姨”这句话我是不反对的，但是动不动就谢谢妈妈、谢谢爸爸，有这个必要吗？中国人讲得最清楚，大恩是不言谢的。小事情谢谢了，你帮了我忙，我也谢你了，没事了，互不亏欠，从此不放在心里。但是大恩是不能讲谢谢的，要记在心里头，也不是说一定要交换，而是说人家对我好，我记住了，我会同样对别人好。他有需要的时候我照样帮他忙，这样就对了。所以很多人说你看西方人多有礼貌，中国人就是没有礼貌。礼貌如果变成表面，礼貌如果变成形式，礼貌如果是把心里的感觉忘光的话，那这种礼貌有什么用呢？所以父母教小孩要怎么教？对自己家里面的人要用心，要真正关怀，而不是讲究礼貌。但是对外面的人要讲究礼貌，这个就是亲疏有别。

> 对自己家里面的人要用心，要真正关怀，而不是讲究礼貌。但是对外面的人要讲究礼貌，这个就是亲疏有别。

外国人认为大家都是上帝的子女，所以家人跟邻居没有两样。家人只不过是住在一起，过一段时间就要分开，所以每个人都要有礼貌。举一个最简单的例子，如果外国的小孩房间门是关着的，外面有人敲门，他把门打开你就可以进去，他不开门外面的人只好忍耐。因为那是他的空间，小孩有日记，你就是不能看，因为那是他的隐私。我问过很多中国的妈妈，小孩的日记你看不看？她回答当然会看，我又问凭什么看呀？她回答看了才知道孩子在想什么，还说为了帮助孩子，为了爱护孩子才看的，不然看它干什么呢？我不知道大家是选择哪一种方式，只是如果这个大人不关心小孩，孩子写什么他都不会在乎。反正孩子过了18岁就要自谋生路，以后和父母没有什么相干。中国父母不是，他们很在乎孩子写些什么。你看一封信如果是寄给外国的小孩，那就是除了他谁也不能看。但是在中国，父母就会拆了。我希望大家看小孩的年龄，看小孩的个性，做出不同的处理，合理为度。比如你的小孩很自爱、很懂事，他的信来了你尽量不要参与，看他怎么回应。他拿去偷偷摸摸地拆，你就知道里面没有什么好事情。他拿了会告诉你里面说些什么，然后不给你看，你也会知道他告诉你的不一定是真的。如果他拆了以后笑笑地拿给你看，你知道他跟你没有隐瞒。这点很容易了解。家人要做到彼此不隐瞒，然后就没有所谓的“这是我的隐私权，你侵犯了我的自由”这些观念，彼此信任，这才是中国人。要不然怎么叫一家人呢？

> 家人要做到彼此不隐瞒，然后就没有所谓的“这是我的隐私权，你侵犯了我的自由”这些观念，彼此信任，这才是中国人。

我们的想法跟西方人不一样，强调要彼此尊重，不可以说西方人才是对的。我们认为子女不是圣贤，难免会犯错，所以父母就不必忧心忡忡地说，怎么老错呢？错就错了。你患得患失弄得他紧张兮兮的，反而没法教他。而且小孩做错你不能当场讲，你当场讲，不是面子不面子的问题，而是你自己会控制不住。因为你在怒气冲冲的时候讲的都是不好听的话。他做错了你不要提，控制自己的情绪，等一下再说，就表示你是很明智的，你是个成年人。孩子做错你当场大发雷霆，当场给他难堪，那你也相当于小孩子了，这就变成小孩子对小孩子，那还有什么对错？我们对小孩不必生气，也不必失望，因为我们要长期跟他在一起。如果是很短暂的，那当然要失望，那当然要生气。但是你对小孩失望就能不认他吗？失望你就能把他赶出去吗？都不能解决问题。因为我们一家人要长期在一起，所以生气没有用，不愉快也没有用，失望也没有用，骂他也没有用。尤其是不应该讥笑你的子女，比如说，“我从来没有看过这么笨的小孩，我像你这个年龄我已经很厉害了，你现在还这个样子。”这样一来父母就是把孩子当外人了，不是当自己人。父母之所以是父母，就是父母的年纪比孩子大，而且父母的情绪比较稳定，父母知道孩子在情绪紧张的时候听不进去你讲的话，所以不讲。等孩子冷静以后他会来找你讲，那时候你就可以说：“你应该来找我讲呀！你难道不知道你错了吗？那你知道错你为什么不找我呢？”他就没有话讲了。父母这个时候就问他，上午为什么这样，是不是有什么原因？然后他会比较放心跟你讲。如果你一开始就说他错，那他就跟你狡辩，他就死不认错，如果他年龄稍微大一点，他是往外冲的，就能把你弄得一筹莫展，你就搞得自己无路可走。

父母跟子女沟通一定要把气氛弄得轻松愉快，但不是搞笑。可以很幽默，可以很轻松，可以很愉快，但是用不着搞笑。父母让小孩自动地来说出他错在哪里。然后父母要安慰他，“没有关系，像你这样的年龄犯这种错，是必然的，我以前也犯过，要记住以后不要再犯”，这才是大人的样子。所以我们这里建议父母先把情绪管理好，然后让你的子女主动地来跟你沟通才是上上策。如果说你自己很有威严，甚至见面就拍桌子，我问你，你敢跟你的上司这样吗？你做生意敢跟你的客户这样吗？你敢跟隔壁邻居这样吗？为什么对他们不敢，对你的子女就敢呢？就是你不把子女当人看。**实际上孩子是人，他就像我们一样也有情绪**。一个情绪高的人对着另一个情绪高的人绝对没有好话说，你骂他一句，他骂你两句，最后你打他一下，他打你两下，这就变成家庭暴力了。父母既然比他年长，就要把自己的情绪管理好，他生气的时候，父母少惹他，然后等他心平气和的时候来找你，你也心平气和地跟他谈，这样会很容易谈。他找你的时候讲一大堆理由，不认错，你也告诉他，“没有关系，我像你这个年龄的时候，我做错也不会承认的，因为承认就没有面子了，但是在心里头承认就好，嘴巴不一定要承认。你看我们中国人都是这样”。我们心里头都知道做错了，就是嘴巴死不认错。

如果错了就一定要向人下跪求情，一定要把孩子搞得没有面子，孩子长大就变成不要脸的人。所以一个人内心认错，内心改变，下一次不犯这样的错误是上上策。一定要道歉，一定要写悔过书，一定要公开告诉大家，“我做错了”，没有这个必要。

知错改错（下）

通过第三者教育，让孩子越来越优秀

你的子女跟别人的一样吗？有人说都一样，这样就可以比来比去。你说不一样，不一样就不能比来比去，这个道理非常简单。甚至连兄弟姐妹之间都是不能比的，哥哥是哥哥，弟弟是弟弟，所以父母常常说子女犯错，实际上父母自己也犯了很多错。其中最重要的就是一看到子女犯错，父母就感觉没有面子，这是好事情，这叫作有羞耻之心。如果自己的子女做错了，你不会觉得面子不好看，这个才更糟糕。没有面子怎么办？在客人面前骂子女会更没有面子，有时候客人会感觉很奇怪，这样也是给客人难堪，我们应该要知道这一点。所以你看中国人只要有客人在，小孩子怎么闹，大人都会忍耐。客人离开，门一关，小孩就知道完了，这都是中国人的一套。但是小孩如果冒犯了客人，那父母就要出面讲话，如果他把水倒在客人身上，或是踩客人一脚，父母也不讲话，这是不对的。即便是客人做错，父母也要说是小孩不对，等客人走了以后父母再跟小孩沟通。

所以你看**同样一个错误，我们有好几种不同的考虑，有好几种不同的做法，这样才叫合理**。如果客人也带了一个小孩，他的小孩跟你的小孩吵架，无论如何你都要骂自己小孩，等他们走了以后，你再把你小孩找来，说："刚才是那个小孩的错，那样不对，你没有错，但是我们是主人，我骂你就是骂他，你要懂得这一点。我最了解你，我不会冤枉你。但是他的爸爸在这里没有管，我去管的话，那我就等于骂他爸爸，你愿意客人来找我的

> 父母最重要的是要真心对待自己的家人，而不是嘴巴上很有礼貌，这一点给大家做参考。

时候，我给他难堪吗？”小孩一定说不愿意，他慢慢就懂事了。父母最重要的是要真心对待自己的家人，而不是嘴巴上很有礼貌，这一点给大家做参考。

西方人是讲究礼貌的，因为他们不太了解什么叫作心，所以你看他们就有行为科学。行为不一定是真的，内心是不会骗人的，所以中国人比较重视一个人的内心，而比较不在乎行为，这是两种不同的文化。所以我们也常常通过祖先崇拜来教育我们的小孩。比如小孩做错事情，父母告诉他说“这样我没有面子”，那他心里想：你要这个面子干什么呢？你不能太讲究面子，那样你就完了。你要告诉他：“如果你祖父还在的时候，他一定很不喜欢你这样，因为我从小就跟你祖父在一起，我了解他。”你看你通过第三者来沟通，两个人就比较缓和，他又不知道祖父到底怎么想，都是你说的。父母就告诉他，“祖父从小就跟我讲这样的话”，小孩没有话讲，因为人已经死了找谁去争论呢？所以中国人为什么动不动就说，“我们祖先的遗训”，就是死无对证。他活着你可以问他，也可以跟他吵架，最后他只剩下一个神祖牌，你还会去找他吵吗？会去骂他吗？其实这是最好的一种方式，我们还一直搞不清楚，一直在骂这是迷信。父母要告诉孩子：“这件事没有对错，只是我们家的小孩不可以，别人家可以。”因为小孩常常讲：“为什么别人可以，我不可以？你看别的小孩都在打雪仗，只有我在这里做功课。”你说：“没有办法，我们家就是这样子，我从小也是喜欢打弹珠，但是我祖父一直对我说，‘将来你能靠打弹珠吃饭吗？’我一想很有道理，所以我就做功课。”这很好讲，而且两个人你对我、我对你很难说清楚，我们通过第三者，爱怎么讲就怎么讲，都是他讲的，你没有讲，这是非常好的办法。所以小孩做错了，不要说“我很生气”，应该说“我是没有脸见我的老爸”就好了。他就有他的感觉了。

“我们家的小孩应该怎么样”，这是最好的挡箭牌。所以要把祖宗粉饰太平，把他精装打扮，平常把祖宗讲得很有功绩，表现得很好，到时候把这个“金字招牌”一拿出来，小孩就会乖乖的。在小孩更大一点的时候就更妙，因为这个时候你不一定讲得过他。尤其在今天资讯这么发达的时代，他说他什么话都听过了，他知道的资讯比你还充分。你怎么去跟他讲？小孩长大了，你打也打不过他，骂也骂不过他，讲又讲不过他，那怎么办呢？很简单，你就往祖宗牌位那里一站，然后大声讲，“我对不起祖宗”，这个时候你看看小孩有什么感觉，小孩就会跟过来，他就不敢讲话，然后你说：“来来来，你跟我没有关系，我们一起来跟祖宗忏悔，我们一时不小心，让他很难过，我们更难过。”这种话小孩不会听吗？所以我们是在告诉祖宗：你放心，你的孙子不是坏小孩，他是一时没有想清楚才会这样，我跟你保证，他以后不会这样做。父母替他保证，让他心里头怎么想？你可以去比喻的。**我们要有爱心，有耐心，同时还要有宽恕心**。但是当这些都不能解决问题的时候，我们就把祖宗的灵位拿出来，让他们直接去叩头，我们便躲在一边，这很有缓冲的余地。所以把他当成迷信是错误的。人死了到底有没有知觉，到底还有没有灵魂，谁都不知道。我们只是把他当作家庭教育一个很好的方式，如此而已。小孩一定会犯错，你越紧张他越犯得厉害，你不紧张他好像没有事一样，他很快也就忘记了。所以父母首先要以平常心，要很冷静地处理事情。比如小孩很晚才回来，你就告诉他，“这么晚，外面是不安全的，我们知道你不会去做坏事，只是你不安全，我们会很担心”。他就会跟你说明原因。你说：“好好好，以后如果你要晚回来，你就先打个电话，让我们去接你回来。”他说“不必不必”，你拐弯抹角，他就能慢慢了解自己这样做会给大家增加很多麻烦，以后最好不要，就好了。

你正面地去骂他，他是不会接受的。我讲的是人性，我不是讲神性，因为人不是神，如果你一讲道理他就懂，那他就是神，小孩就是不懂事，小孩就是会把事情想得很单纯，小孩就是没有很复杂的因素。但是社会是很复杂的，我们的环境是多变的，人心隔肚皮，谁都摸不清楚，那我们怎么办？所以还是那句话，我们引导他不犯第二次就好了。

我们讲一个比较严重的，你第一次看到你小孩吸毒会怎么样？把他赶出去，他吸得更厉害。我建议你不要打草惊蛇，不要大惊小怪，你告诉他，这样不好，他如果继续要吸毒，那就约法三章，他到外面吸，不要在家里吸，这样最起码他会答应你在家里不吸，你已经成功了一半了。他总有一样东西跟你同样喜欢，如果他喜欢跟你下棋，你最好的办法就是在这段时间多花点时间跟他下棋，但是不要一下棋就讲道理，那他就不会跟你下。父母要争取孩子的信任，表示他这样的行为并不是罪大恶极，也不能说一定不能容纳他。事情不发生是最好，一旦发生你只有忍耐，只有用爱心，只有慢慢地想办法让他改变，一急全家都完了。你把他送到警察局也一样，他不会被关一辈子，到时他就会出来，出来还是你的儿子，不是说关一阵子就不是你的儿子。那怎么办？再关？他还是会出来，而且越关越坏，因为他进去以后跟很多人学得更坏。所以那不是办法，你总能找到机会，比如说他很喜欢跟你出去散步，这就是好机会，你就多陪他散步。然后听听他的说法。你只要不很严厉对他，他慢慢就越来越敢跟你讲他吸毒的原因。然后他自己也会说这样不好，他会改，你说这个东西不是很容易改的，他硬是说他改给你看，这样才有效。

> 事情不发生是最好，一旦发生你只有忍耐，只有用爱心，只有慢慢地想办法让他改变，一急全家都完了。

你看包公5000年只有一个，可见他是很特殊的。家里面如果出了个包公爸爸，那全家人都完了，你看整个社会没有时时刻刻有包公，应该朝这个方向去想。包公是特殊情况下才需要的，而不是让爸爸来扮演包公的角色，那全家大乱了。**人是要有别人的存在，而不是只有自己的存在**。你标榜自己是非很分明，标榜自己铁面无私，那只是做得好看，没有用的。

中国是一个讲究实际的民族，中国人不太有礼貌，因为我们很实际，我们很用心，我们不是嘴巴讲得好听而已。大家仔细去想一想，把这些当作一个参考。

阶段教育

孩子各年龄段，父母重点教什么

小孩子是从小到大慢慢地发展，所以父母教养小孩，各个阶段要有不同的重点。我们可以把人的一生分成几个重要的阶段。第一阶段是小学以前，即入学以前的准备工作，然后是进入小学。老实讲一个人从幼稚园进到小学是一个很大的跨越，孩子在幼稚园的时候都是小小的，突然进到那么大的一个小学，本来在幼稚园就一两个老师，到了小学老师就有很多，学校又那么大，小孩的心理会受到很大的冲击。进入中学以后，孩子大概是13岁，我们把这段时期叫作暴风雨时期，因为这是他一生当中变化最大的时期。最后是进入大学，孩子又是另外一种心态。大学毕业以后又变成了一个人。所以**父母跟子女相处一定要看子女的阶段变化，根据这些来调整自己的心态跟方式**。

以前我们有一个观念，认为孩子小时候学不了什么，一句还早，就让这个小孩失去了很多很宝贵的学习机会。现在我们慢慢了解到，小孩一出生就可以学习，不是不能学习，尤其是有的父母认为孩子0～3岁的时候，在家里除了吃了睡、睡了吃还能学什么？其实是不对的，0～3岁最主要是脑部的开发，所以不是让小孩学具体的东西，而是给他相当的刺激，让他的脑部长好，这是做准备工作，不是具体有什么效果。孩子从胎儿开始，母亲就可以教他，当然有人会告诉你，没有什么胎教，胎儿完全是瘫在那儿睡觉没有反应，可是我们中国人是不相信的，小孩会踢你，小孩会翻身，小孩会有动作，怎么会没有感应？中国人很讲究胎教，其实胎教最主要是保护母亲的，我们对怀胎的孕妇要特别照顾，这算坏事情吗？小孩出生后的大部分时间都在睡觉，这也是事实，但是醒过来短暂的时间也是可以学习的，为什么让这么宝贵的时间流失掉？父母要对小孩做出适度的关怀，凡是你刺激孩子，他反应很好就表示适度，过分了孩子就开始紧张了、孩子就受不了了，那你就赶快调整过来，这是因人而异。

0～3岁的小孩子最重要的是脑力的开发，要掌握生活技能而不是其他的东西。那时候学什么都不重要，把脑力开发出来最重要，把生活技能培养好，将来他会有信心。父母在小孩还没有进小学之前，最要紧的就是陪他，跟他一起生活，陪他一起走过这一段时光，给他适当的刺激，其他都不是很重要。

父母在小孩还没有进小学之前，最要紧的就是陪他，跟他一起生活，陪他一起走过这一段时光，给他适当的刺激，其他都不是很重要。

孩子3～6岁，其中有一个时间段叫作4岁半，4岁半有道墙，这道墙如果跨不过去，小孩以后就会受到很大的限制，帮助小孩跨过这个很难跨越的4岁半墙非常重要。这个时候，品德的训练比学业更重要，不要让小孩提早去学习那些学业上的东西，反而将来发展不会太好。小学以前把孩子要进小学的一切准备工作训练好，因为学校的老师没有办法照顾到每一个人。我看过很多小孩到了8岁还不会洗手，因为没有人帮他打开水龙头，父母没有教他，他怎么知道如何洗手呢？比如孩子说，“帮我把水龙头打开”，父母就打开了，他手一伸就洗好了。父母需要注意的是他学会了没有，而不是你教了就不管了。

孩子入学之前需要掌握一些基本的生活技能，父母一定要训练好，要不然去了学校以后老师会不喜欢他，同学会笑他，他就没有信心。孩子进入小学最大的不同之处就是学习和游戏是分开的，你看孩子在6岁以后游戏就是学习，学习就是游戏。6岁以后学习归学习、游戏归游戏，慢慢分化，这个时候最要紧的是不要用手段强迫他怎么样，千万千万不要用金钱来引诱他。比如父母对孩子说，他考100分，你们给他5元钱。这样小孩子终生只有金钱的概念，没有其他的想法。**父母要和老师保持密切的关系，因为老师是你不找他，他也不会主动找你**。幼稚园的老师整天跟孩子在一起，比较会多照顾一些，但是在与小学老师沟通时，你要告诉他，你的小孩是谁，他想起来就跟你讲一讲。不要过分地重视学科成绩，我们一个人的德、智、体、美、劳方面都很重要，要一起重视，当他学业成绩特别好，你也要小心，是不是他跟人家相处不好？是不是完全不喜欢劳动？如果不是当然最好，不要让孩子变成书呆子。要让孩子均衡发展，尤其是孩子的视力，你看有的小孩从小就戴眼镜，这就是父母没有照顾好的原因。父母要注意光线从哪里来，会不会太强，孩子看东西是不是太远？总要照顾他，要不然他不懂。

孩子好不容易小学毕业，但是在他13岁的时候，父母同样要小心，因为这是他人生变化最大的时候。要特别注意他交朋友的事情，因为人到了十三四岁就开始对异性有一种不同的感觉，这是人的本能，没有对错。有些父母就说这两个小女孩跟那两个男生是一对，这是大人的游戏，小孩哪里有这个想法？但是到了十几岁的时候他就真的会有一些想法，那你怎么办？禁止也不对、鼓励也不对，什么都不对，这个时候你要多花一点时间跟他互动，告诉他这是正常的，这没有什么好丢脸的。在孩子中学阶段，父母只要去多了解一点，知道他为什么这样就够了，其他没有必要。

男女同校的目的就是让孩子知道，原来有一种跟自己不同性别的人，这样就够了，进一步想那么多干什么？懂那么多干什么？但是现在的父母说要这样教他，要那样教他。有些事情不需要懂太多，你又不是性学专家，家里整天讨论性的问题，这个家里不是变态吗？我们只是平常心，不要把它当作神秘兮兮的。比如我的小孩问我的时候我会告诉他，“我也不懂，你去问老师”。我把这些推给老师，让老师去忙，然后我还告诉他，“你去问老师以后，回来把答案告诉我，也让我增加一点儿知识”。我就轻松了。孩子就去问老师，回来告诉我，我就知道老师有没有借那个机会夸大讲一些不必要的东西，我也趁机了解一下。你看有的父母还说要在家里面让小孩了解性的事情，我是认为没有太大的必要，我们都走过来了，我们也没有怎么样，很多事情是属于本能的，不教他也会。

孩子进入大学最要紧的就是科系问题，到底他会读什么？大学4年的时间，变化是很大的，多少人可怜到他进去读那个科系是最热门的，等到他毕业的时候就变成最冷门的，有什么办法？4年就足够变了，倒不如说你的理想是什么，老实讲一个人读到大学，还没有想好读大学要干什么，是不好的。如果读大学只为了赚钱，那你高中就可以出去创业，你读书干什么？而且我们慢慢会了解到大学生对外界都不太了解，我每次都讲大学是很封闭的地方，大学就是欺骗大学生的一个地方，我没有过分，因为大学一定要有理想性，既然有理想性就是跟社会不一样，可是他出去又要和社会一样，你看糟糕不糟糕？所以逼着我们大学生在学校有很高的理想，毕业只要5年时间就会把老师忘光。

比如我的一个朋友是很有名的法律教授，他的学生毕业以后不是当律师就是当法官，然后他说他的学生都来看他，一见面就说，原来社会不是像老师所讲的那样，统统把老师否定掉了。老师可以教小孩社会的现象吗？你教学生的时候只能把理想讲得冠冕堂皇，学生毕业后一接触社会感觉根本就不是这样的。这是两难的问题。所以父母要做桥梁，告诉他，他在大学里面，老师讲的这一套，他毕业后接触到的社会不是这一套。这不是对不对的问题，而是他要自己想办法去适应才对。所以为什么学校除了上课还要有社团活动，就是他从社团活动里面可以听到一些不同的声音，认识到社团里的人讲的话和教授讲的不一样。因为教授总是比较理想化，他不能把外面的东西都拿进来，那样学校就不像学校，所以在这方面我们始终绕不清楚，其实它是一个不得已的苦衷。

按需教育

爱孩子就要弄清孩子真正需要什么

孩子成年以后，父母拿他一点办法也没有。他要孝顺就孝顺，他不孝顺你也没办法；他要争气就争气，他不争气你能拿他怎么样？这个时候我们要享受继承的关系。比如我的小孩到美国读书的时候，我告诉他："你在台湾，我看得到你，但是你现在要去美国了，我看不到你，你也看不到我，我想关心你也没有办法，所以从现在要改变，你有事要主动告诉我，不然我不知道，我就当没有问题一样。"这样就对了。现在的父母也是，中国这么大，小孩一进大学要跑到哪里去，你能管他吗？大学毕业以后他到哪里去就业，你有什么办法？所以实际上，父母是要在孩子13岁以前多花一点时间，13岁以后怎么样就是怎么样了。

父母要用心做好孩子每一个阶段的调整，其实人生最要紧的就是每个阶段的调整，调整过来孩子就会很平稳、很顺利。你看很多学生在小学的时候非常好，可是一到中学就没办法适应；很多学生在中学的时候表现非常好，进入大学就整个走样。这就是他没有阶段性调整的观念，或者他根本就调整不过来。你看大学生跟中学生就是不一样，中学生是一班一个教室，大学生是一个科目一个教室，同班同学一会儿跟他在一起，一会儿跟别人在一起，有的人没有办法适应，就会觉得很奇怪，怎么这样乱调？那就糟糕了。

所以，孩子每一个阶段之前我们要有一个辅导，告诉他以后是不一样的，像以前那样过日子是行不通的，不然谁告诉他？每个阶段都有它的重点，小的时候父母要多陪他，不陪他，他会哭。慢慢长大的时候要给他一点自由，整天陪着他，他会很烦，这是一定的。人随着年龄的增长，他会希望有一段时间是他自己可以利用的，是他自己可以思考的，不要从早到晚紧迫盯人，不需要这样。你要做改变，你要事先告诉他，让他在心里有一个准备，这样就对了。

> 人随着年龄的增长，他会希望有一段时间是他自己可以利用的，是他自己可以思考的，不要从早到晚紧迫盯人，不需要这样。

一个小孩幼稚园结束以后马上要进小学，父母第一件事情一定是陪他去买制服，制服买回来父母就告诉他，他现在是小学生了，已经不是在幼稚园的时候了，要懂事一些。当他穿着高中生制服的时候，父母也要告诉他，此刻他是高中生，高中生就应该有高中生的样子，不能再像初中生一样，他就懂了。今天讲完了明天问他，他觉得要怎么样？让他自己讲，他讲得出来就说明他听进去了，讲不出来就是耳边风，这是非常容易理解的事情。所以，第一次父母告诉孩子，第二次就要变成孩子告诉父母，他说得清楚，就表示他认识得透彻，如果你讲的话跟他讲的话是有出入的，就表示他的理解不一样。

比如讲一个比较实际的问题，你要不要给你的小孩买手机？你不买他会吵，人家都有，他为什么没有？可是买了以后，他就整天打，你心里会有什么感觉？你可以说没有办法，这是时代的不同，风潮如此，但这就是不负责任。我看过有些家庭要买手机之前都会跟小孩沟通："我买给你可以，但是你告诉我要做什么用。"他说："我可以打电话跟我的同学聊天。"这样你就可以说："我不买给你，这不是手机的用途。"他就告诉你："我平常不用，必要的时候我才打。"你说："这还差不多，那你必要的时候打给谁？"他说："打给妈妈啊！"那你要问他："为什么要打给妈妈？"他说："有时候我临时有事情，怕你们着急，我就告诉你们，让你们好放心。”妈妈说：“这个可以，只能做这些事情，其他不能做，你做得到吗？”他说可以。如此你就可以买给他，然后再让他自己讲这个手机做什么用，从此只要他犯错了就可以收回。父母不能说买，也不能说不买，因为那是不负责任的。总是问他买不买，那是西方人，不是中国人，中国人买不买不是问题，怎么用才是问题。所以你看很多小孩有手机不让同学知道，因为一知道人家打进来他就要打出去。不能变成了手机的奴隶，是真的要用的时候才要用。

因为有时候真的要找人，找不到也是很急的事情，有很好的工具为什么不用？手机是工具，不要把自己变成它的奴隶，这样就好了。这样科学对人类技术也有帮助，但怕的是孩子有了手机以后上课也不专心，搞得老师没办法上课。所以一样东西你用得好，它就是好东西；你用得不好，它就是坏的东西，就是这么简单。**所以小孩在什么阶段，大人要给他做什么样的决定才叫教养**。比如父母什么时候开始给他零用钱？暂时有没有这个需要？这些都是大人要跟小孩商量的。如果孩子暂时不要，那就以后再给，需要给多少？要做什么用？让孩子给你写下来，再合理地解决，不是说你高兴给多少就给多少，也不是说你给了钱就没有你的事，给了钱也要去看孩子把钱花在什么地方，是否拿来吃午餐，还是专门吃冰水，让他告诉你。

小孩子太小的时候是完全没有金钱概念的，你的小孩什么时候开始有金钱概念？你要去注意，太早告诉他金钱是什么东西，对他不利，太晚了他也很吃亏，我想父母操心就是操心在这些地方，你看真正的幼儿园是会提供很多的东西的，在保证安全的情况下，最重要的是让小孩根据自己的兴趣去摸索，他爱玩儿什么就去玩儿什么，老师是不管的，老师只是关心他，他有问题问老师，老师才给他回答，不然老师不会指导他，这样才对。不然提早进小学就好了，何必还要什么幼儿园？

小学也有小学的样子，但是现在的幼儿园当作小学办，小学当高中办，高中当大学办，大学不知道在办什么。当然家长的压力，家长要负责，但是办教育的人也要负一点儿责任，但是你很难怪他，凡是坚持的人，最后学校都是要倒闭的，我们有一句话叫作劣币驱逐良币。世界上好的东西是被坏的东西打垮的，不是好的东西一定占便宜、一定赢。因为人的观念不清楚，没有选择的能力，稀里糊涂的有什么办法？这也就是为什么很不好的东西被流传得很广，好的东西大家反而很冷淡的原因。

> 我们有一句话叫作劣币驱逐良币。世界上好的东西是被坏的东西打垮的，不是好的东西一定占便宜、一定赢。

小孩子需要什么，父母要比较客观地去了解，不要很主观地去认定，然后慢慢做好调整，帮助小孩一步一步走上人生的光明的大道，这样你就会很喜悦，这种喜悦是无价之宝，你就不会说花那么多钱最后却是这种结果。只要总想着花那么多钱，你就始终在那里拨算盘，始终在投资，始终把小孩当工具，这个观念是不需要的。我从来没有算过我在小孩身上花多少钱，我又不想拿什么回报。有时候即便是想拿也不一定拿得到，或许别人的账他都可以认，父母的账他心安理得欠，你越想拿他越不认账，那你是自己找麻烦。

第八章　为什么说母亲是影响孩子一生的人

母亲要给孩子喂奶、要抱孩子、要给孩子换洗尿布和衣服、要照顾孩子，跟孩子在一起的时间较多，所以可以说母亲是唯一影响孩子一生的人。父母要严格地要求孩子，要让孩子守规矩，这才是孩子自信心的来源。

幼儿教育

周岁以内婴儿教养的重点

对1岁以内婴儿的教养重点是什么？我们讲周岁就是1周岁。首先父母要知道小孩的周岁不是从生下来才开始计算，而是从怀孕就开始计算的，西方人说孩子生下来开始计算，过一年才叫1岁；我们是一生下来就开始计算，过一年叫两岁，到底谁正确？当然是中国人正确。孩子在妈妈肚子里面也是生命，那为什么这一段时间不算呢？母亲从怀孕开始就尊重他是一个生命，就开始算他的年龄，这才合理。小孩已经经过十个月的怀胎，早生下来就叫早产，晚生下来就叫迟产，就差这么一点儿，其实没有太大的关系。如果拖太久，医生就会想办法要催生。如果太早生下来，那一生下来就要特别保护，否则他活不了。

通常母亲怀孕都是十个月左右，所以叫作怀胎十月。怀胎十月算1岁，这是非常合理的事情。产前跟产后不是分开的，它是连续的。你看当一个卵子跟精子结合以后，就开始不断地分裂，慢慢地它会产生一个人形，然后慢慢长大。等到五官六腑都长好了，手脚也有了，然后才生出来，不是说一团糟地就弄成一个人。而且你去看，他三个月开始就会动，其实母亲跟子女就是从那个时候开始有互动性。

你看有的人怀胎比较平静，有的人怀胎反应比较大，这是小孩的个性不一样，也是小孩跟母亲的关系不相同所造成的。你看胎儿很少左手动右手，也很少右手动左手，他要动就会全身动，**因为人是整体的，一切都是**

整体的，慢慢才分。不是分了以后才有整体，这个是很重要的。小孩的动作是不协调的，人类原本就是由不协调慢慢走上协调。他是不固定，没有目的的，他也搞不清楚有什么刺激反应。

所以我们从这里应该得到一些启发。人是整体的，不能分割。我们对这个人好，就要对他的全部都好，他的好处要对他好，他的坏处也要对他好。而不是他好的时候你就对他好，他不好的时候你就对他不好。对朋友这样可以，对亲人这样是不行的。或者说他学习成绩好你就多照顾他，他学习成绩不好，你就不照顾他，这样也不对。胎教是对母子的，讲子也包括女儿，不要有什么重男轻女的观念。中国人讲父就包括母在内，因为父母是一体的。讲子也包括女在内，就说明子女是一体的，没有什么重男轻女的观念。

> 中国人讲父就包括母在内，因为父母是一体的。讲子也包括女在内，就说明子女是一体的，没有什么重男轻女的观念。

孕妇的健康、孕妇的营养状况要特别值得注意。为什么我们常常讲女孩子比男孩子幸运？因为她一辈子有好几次机会可以改变她的体质。比如女孩来月经，母亲要告诉她，月经是很神圣的，不是什么脏东西。以前长得不好的，就趁着月经来的时候把它调整好，她就可以长得很好。月经这一关没有调好，怀孕的时候也可以调好。这比男性多太多的机会。

孕妇受到特别的照顾，她的营养均衡，胎儿发育自然就好了。至于怀孕的时候她的思想行为是否对胎儿有直接的影响，科学证明是有关系的。**让孕妇接触美好的事物，拥有良好的心情，对母子一定有好的帮助**。你看一个女人怀孕，经常去接触那些很不舒服的东西，经常看很丑陋的东西，难道不影响胎儿吗？我们用常识去想应该就会知道。小孩慢慢地长大，母亲心理成熟了，那就要开始生产了。

尽量要她自然生产，不要剖腹生产。因为自然的总是对人体比较好。不要为了让胎儿早点落地就开始动脑筋要剖腹生产，那是理性，不是科学，没有必要。当医生断定非动刀子不可，那是不得已的。小孩该什么时候生，就让他什么时候出生。

小孩一生出来会哭，是因为哭就表示他存在。很多人就不会很着急，所以你看我们在外面等，一听到哭声我们就放心了，因为他是个活的。既然他哭之后觉得有效，他就会继续哭下去，所以在他1岁之前我们就要小心。你怎么去对付这个老哭的小孩？不能一哭就马上抱他，这就是鼓励他多哭，所以为什么小孩越来越喜欢哭，就是哭的时候有效，他就常常哭。搞到最后大人一筹莫展，也是大人把他宠坏的。那你说“好，哭我就不抱他”，这就是很无情。这个无情会使你的小孩将来的眼神很呆滞，他就没有什么表情，他的感情就很冷漠，然后慢慢地他的反应就很迟钝，这是不抱所造成的。抱他越哭得起劲，不抱他后遗症更多，这就是两难，所以基本上我们是兼顾的，不是抱，也不是不抱，而是小孩一哭你就要开始想一想他为什么哭，如果是肚子饿，那就给他吃的。如果是尿片湿了，那就给他换。或者是哪里不舒服，太冷还是太热，你都要去关心，因为他不会讲话只会哭，哭就是在传达一种信息，他有些地方不对劲，要你们来关心他，那你就去看一看。如果都没有事，那你就不用急，他哭一会儿就会停止，这就表示很正常。哭了一阵还不停，那你再重新检查一次。如果检查还是没有事，这个时候你可以去摸摸他的手脚，摸摸他的脸，给他一些刺激，这就告诉他：我们在旁边，只是没有抱你而已。他慢慢地接受，慢慢就睡着了。你也可以跟他说话，小孩会听话，只是不会说话而已，至于听到什么程度，到今天科学还是没有办法了解。只不过我们可以感觉出来。而且你说一遍他不懂，说两遍、说三遍，他慢慢会有些反应，这不是很复杂的东西。但是你要开始跟他互动。将来他会比较灵活，比较不会迟钝，他感情比较热烈，不会那么冷漠，都是从你怎么照顾他所产生的。婴儿不需要特别的环境。比如给他弄一张很豪华的床，其实这跟他一点关系都没有。你买很好的玩具给他，我常常讲这是父母自己小时候没有玩，现在趁机买来自己玩的，因为小孩根本就不懂。小孩只是重复地运动他的身体，你就帮助他去运动，他会成长，他会平衡，就好了。他要的是一些可以用来运动的东西。

所以到底是现在的小孩比较有创造力，还是以前的小孩比较有创造力？你看现在的玩具让小孩几乎没有创造力，都是呆呆板板地按照图去拼凑，有什么创造力？我们以前什么都没有，自己挖泥土，捏来捏去，当然有创造力。小孩从小没有撕过纸，这是个遗憾。你把纸给他，他撕破了，不要让他割伤手才是大人要做的事情。如果父母给孩子的都是不会撕破的，都是规定他要怎么做，他完全没有创造力。一个小孩从出生第三个月，父母就要不断地跟他互动，他就能够手脚有节奏地动。如果你不教他，不跟他互动，他就是不会，始终全身扭动。

> 如果父母给孩子的都是不会撕破的，都是规定他要怎么做，他完全没有创造力。

小孩会不会认人？有人说他本来就认人，我觉得很奇怪。小孩要到5个月才会认人。5个月以前谁抱着他都是一样，只有舒服不舒服，而不是认人。但是现在的妈妈很喜欢说“你看孩子认我”，这如果是自我安慰，我们是不反对的。实际上人跟人之间的连接感的建立要5个月的时间，5个月之前小孩没有这种连接感，5个月之后小孩才会知道。如果你抱他哭，不是因为人不对，而是抱的那个姿势、力度不对。要把这个搞清楚。

这告诉我们，老天的确是疼爱我们的。如果人一生下来就认定妈妈，万一妈妈有个三长两短，那小孩怎么活？这样的事情不是没有。你看有些母亲难产离开以后，**小孩一生下来就认妈妈，这是谁也替代不了的**。而且我常常讲老天对父母很好，就是让你们有一段时间去摸索、去学习、去调整，赶快做好跟小孩互动的一些事情，然后小孩慢慢地有感觉，慢慢地有反应，不会让你直接就开始误导小孩。

孩子六七个月以后他就开始喜欢躲躲藏藏，这个时候父母陪着他玩就好，没有必要非要抱他。当然让他躺太久也会不好。偶尔抱一抱，差不多就要放下去，要让他有所变动。3个月以前他的脖子是不硬的，不能让他趴在那里，不然头会很重，常常会憋到。可是3个月以后他就开始表示自己的脖子硬了，一个人脖子硬了是一个很重要的信息，一辈子脖子都硬不起来，那也很糟糕。3个月以后他的脖子一直要动，你抱他的时候一定要小心，不能让他的脖子受伤，因为那时候头占的比例大。

婆媳关系

教育孩子，婆媳关系起到至关重要的作用

父母要提供孩子安全的玩具，不需要贵的，不需要特别设计的，只要能够有声音，可以拨弄的，然后你在旁边看着他，让他自己去玩就好了。你也不要勉强他做什么事情，也不要教他要怎么做，都不需要。他自己会有变化，这个是创造力的来源，父母不要剥夺。因为父母从小就要培养他独立地娱乐。

你看有些爸爸一回家就拿玩具，实际上是自己在玩。我在旁边看，觉得很好笑。作为爸爸应该是照顾孩子，让他自己去学习，父母是帮助他把脑力开发出来，但是8个月到18个月，这10个月的时间是非常关键的时期，小孩一辈子的自信心就是在这短短的10个月里面建立的，父母要把它建立好。这个时候唯一的老师是妈妈，不是爸爸。所以我们中国人为什么总说妈妈很伟大，母教很重要，那把爸爸搁到哪里去了？第一个，因为爸爸多半要出去工作，做事情。妈妈要给小孩喂奶，要抱他，要替他换洗，要照顾他，跟小孩在一起的时间多，所以**母亲可以说是影响孩子一生唯一的对象**。父母要严格地要求他，要让他守规矩，这才是自信心的来源。你有没有看到一个人出去的时候规规矩矩，别人对他的看法就是他很有自信。我们现在对自信心的解释大多是“我出来不会引起大家一阵慌乱，不会让大家感觉我这个人很奇怪，让我自己也感觉到很慌张”。

孩子8个月开始，父母就要规定他，不是用讲话规定，而是用行动，

比如孩子吃饱了，你就把他放在一个地方，意思是说他可以休息一下，要玩就自己玩，要睡就睡，不要叫你抱，你已经传达这个信息了，不能说你高兴就抱他，不高兴，他哭你也不理他，这就是没有规矩。很多父母是没有规矩的，喜欢他就抱，累了，哭就让他去哭，那小孩就乱掉了，他就不知道什么叫规矩。一个小孩如果在8个月到18个月，这10个月时间没有规矩的概念，他将来就没有信心。如果他只是说不清楚，但是他会隐隐约约感觉出来，那他是有一定的规矩的。所以我们常常讲教养子女要趁早，要提前教育，提前学习，就是指这方面的事情。而不是去放音乐给他听，放英语给他听，希望他早一点讲英文，不是这样。8个月以前你讲错了一些什么事情没有什么关系，乱一下对他也没有什么影响，可是你要记住，8个月后他自己会去摸索规矩在哪里。比如他饿了会哭，看有没有人理他，规矩在哪里？他吃饱没有事了，他哭你也抱他，这规矩又在哪里？其实我们常常觉得小孩子随便怎么样都可以，不是。宇宙是有规律的，你看春天该什么时候来就什么时候来。天上该下雨就下雨，该出太阳就出太阳，都有规律。人同样是有规律的，白天就应该精神好，晚上就应该睡觉。所以你看婴儿经常白天睡一整天，晚上不睡觉，这就是没有规矩。有人说“没有办法，我这个小孩就是这样”，我不认为是这样。你要去调整，你白天就要吵他，让他少睡一点，晚上他自然就好睡了。

为什么有很多婆媳相处不好？因为媳妇白天要去上班，婆婆就带小孩，小孩睡着了，婆婆就很轻松，就让他一直睡一直睡，媳妇下了班以后，小孩儿就被带回去了，一带回去小孩整夜不睡觉跟妈妈吵，那媳妇心里头怎么想？婆婆白天日子好过，晚上想把她害死对不对？媳妇白天要上班，晚上不能睡，能熬多久？这是婆婆不对，没有替媳妇想一想，人家白天要工作，晚上要休息，所以婆婆带小孙子的责任就是白天吵得他不能睡，当然不能整天吵，不然他过劳就糟糕了。你看有的小孩一开始睡二十几个小时，然后慢慢变成十几个小时，他睡眠的时间会慢慢地减少。所以白天能活动要让他活动，减少一点儿睡眠，晚上他自然就睡了，媳妇回来，洗洗涮涮，孩子睡着了，媳妇也可以睡，她心里就很感谢婆婆帮她很多忙。这样就对了。**习惯可以改变的就是教养**。所以大人要训练小孩，不是用规定，也不是用嘴巴讲，而是用实际的行为。

> 习惯可以改变的就是教养。所以大人要训练小孩，不是用规定，也不是用嘴巴讲，而是用实际的行为。

我们要了解人类实际上是早产的人，早出生一年。你看其他动物在母体里面就发育得很好，它一生下来动一动就能够独立行动，就可以活了，而人一定要等到一年以后。一年以前父母所做的工作就是替小孩做一些事情。你看1周岁之内孩子什么事都不能做，他非依赖你不可。这些道理其实是一讲就通的。而且我感觉我们的体验是非常深刻的。**人要彼此帮忙，彼此照顾，互相爱护，而不是分得很清楚，**这是你的那是我的，小孩是大家的。如果小孩是妈妈的，那妈妈干脆不生算了；如果小孩是爸爸的，一个人轮流带一天，或者干脆给婆婆带，这都不对。小孩本来就是大家的，是家人。所以一个人出生以后就变成这个家庭的人，不只是谁的儿子、谁的女儿而已，每一个人都要付出一部分的辛力，付出很多的爱心，然后他才能慢慢地顺利长大，所以我们跟每一个人都有关系，不是只跟一个人有关系。这样你才了解为什么中国人的人际关系会比较复杂，你看我们跟许多人都有不同的关系，就是因为你没有办法靠自己活下去，你需要靠太多人的帮忙。从这里看就可以了解到整个中国跟西方国家是不一样的。西方人也是这么过来的，但是他们的想法不一样。

西方小孩一生下来就单独住一个房间。父母会弄一个感应器在他的房间，小孩一哭，父母在另外一个房间就知道，过来看了如果发现没有什么事情就离开了，让他哭。所以他们长大以后感情比较冷漠，没有太多浓厚的亲情。你叫美国的小孩子去把什么东西拿给你，他会说“我现在不想拿”，你勉强他就是虐待子女。你看你叫一个中国的小孩去拿东西，他说“我现在不想拿”，你会放过他吗？所有人都告诉他，不可以这样，阿姨对他那么好，难得叫他拿个东西，要赶快去拿，他就只好拿。因为外国的小孩是独立自主的，他不欠任何人。中国人不是这样。中国人一生下来就跟父母住同一个房间，亲戚朋友轮流来抱他，他就跟很多人结缘，他怎么独立自主呢？我们有相当的程度是独立的，比如父母从孩子很小的时候就要培养他单独一个人也可以玩东西，也可以过日子，但不是始终单独一个人，也不是始终跟大家都混在一起，都不是。你慢慢就了解中国人为什么会这样走来走去，因为我们从小就是教他要扯来扯去。一天有时候让他单独一个人，有时候一两个人陪他，有时候一大堆人陪他，让他感受到不同的情况，他长大以后就会有很大的弹性，有很好的适应力。

习惯养成

养成孩子良好习惯的三个方法

我们中国人常常讲，“3岁筑皮，5岁筑骨”，皮是在表面，骨是在里面。孩子3岁以前有些什么不对劲儿，你还有改变的可能，因为只在皮上面还没有很固定。可是到了5岁，它就根深蒂固，深入骨子里面去了，改变就非常困难。

所以为什么我们很重视孩子3岁以前的教育，就是说孩子3岁以前，偶尔教错了，你还是可以很快地调整过来。过了4岁半以后，要改变小孩就相当地困难。因此**要在孩子3岁以前不断地调整，培养他好的习惯，这是教养的重点**。怎么养成他的习惯？有三个方法。

第一个方法是指导他，当我们要给小孩任何东西，一定要先指导他。比如什么东西不能放在嘴巴里面，父母最怕的就是小孩把东西放在嘴巴里面，而小孩偏偏就喜欢把东西放在嘴巴里面。所以不能给小孩太小的东西。如果他不小心把一个珠子拿起来往嘴巴里一放，吞进肚子里就糟糕了。所以父母为什么都给他比较大一点的东西，就是让他吃也吃不进去，同时又不能选择太硬的，硬了会碰伤。所以安全变得最重要。可是不管怎么样，你要给小孩任何东西，都要先指导他。指导之后，如果他记不住，就用第二个方法，就是提醒他。如果提醒之后他还是搞错了，就要用第三个方法，就是改进他。这三个方法，不停地在使用。

等到小孩慢慢养成习惯，他就是会这样，不会改变了。刚开始我们要集中几种教，不要看到什么都教，小孩没有那么大的弹性，他学不了。你看教小孩小便，就要花你好久的时间，最好是时间到了就说该小便了，然后把他引导过去，接着看他的做法是不是正确。不对的要调整，一阵子之后你才可以让他自己去小便。小孩吃饭也要学，有一句话很多人不太了解，**吃饭是要学一辈子的**。我在餐厅里面吃饭，我常常很喜欢看人家怎么用筷子。我看到几乎90%的人是不会用筷子的。吃饭的样子很难看，你看他们筷子拿起来就是很奇怪的样子，嘴巴和脸也是很难看的样子。其实你到外国去看也是一样，没有几个人会用刀叉，都是在乱打仗。只是他们没有照镜子，不知道而已。大家以后可以看看自己吃饭的时候就会知道，没有一个人吃饭是像样的，吃饭是小事情，但是要学一辈子。

还有坐要学一辈子，走路也要学一辈子，大家在路上也可以看到，每个人走路的样子是不一样的，有的人走出来，你就知道他不成才，那就是再有学问的人也是不成才。走路没有那么简单，吃饭也没有那么简单，站要有站的样子，坐有坐的样子，讲话有讲话的样子，笑有笑的样子。你看很多人一笑就要把手挽起来，不笑的时候“哈哈”也很奇怪，有时候一辈子改不过来。这些习惯就是孩子3岁以前养成的，妈妈做这个动作，小孩就这样跟着学了，最后毁了他一辈子。人的习惯很难改，但是都是小时候就种下来的恶果。

> 走路没有那么简单，吃饭也没有那么简单，站要有站的样子，坐有坐的样子，讲话有讲话的样子，笑有笑的样子。

父母不要把小孩当天才、当神童看。一定要事先告诉他，常常提醒他，而不是事后才来骂他，但是现在的很多父母都是事后骂孩子。如果不给孩子指导，他做错也不提醒，就打骂他，他会感到很冤枉。因为他不是神童，他哪里懂？我们跟大人讲话可以含含糊糊，这是照顾他的面子，跟小孩一定要讲清楚。比如椅子是给他坐的，不是给他站的，他站上去就会摔跤，就会痛，父母要讲。不要等到他站上去摔下来才讲，那算什么父母？还要告诉他椅子不能拿来敲地板，还有不能拿来做什么，椅子是放在那里，一般人不会去动的，这些是负面的东西，要从正面去描述，少用负面的描述暗示他。比如你一看到针要直接告诉孩子，这个东西长大以后才用，现在不要去动它。不要告诉他针会怎么样，甚至有些事情连讲都不能讲，因为讲没有用。

一个小孩最伤脑筋的地方是什么？是在孩子3岁以前，他个子矮，他不知道桌子上有什么东西，他用手去摸、去拉，结果被烫到了。或者那个桌布垂下来，他去拉这个桌布，然后桌子上的东西都掉下来把他打得全身都是伤，这不是小孩的责任，这是大人的责任。因为小孩没有这种经验。大人就不应该让他接近那个地方才对。如果真的要接近了，就要告诉他，最好坐在这里，可以看清楚这上面是什么东西，看不见的地方也不要去扯它，你要提醒他。父母尽量做到让不安全的事情不发生，这叫作预防，非常重要。然后把孩子拉到旁边告诉他情况。

父母要事先教孩子，不是等孩子做完了再骂他。你看小孩子没到8个月不能吃饭。但是在小孩没有吃饭以前，大人吃饭的时候，就弄个椅子，让他坐在那里，他会很注意地看，他就开始学习。他慢慢就会，父母以这样的动作为前提，将来教他才教得会。如果从来不让他看，猛然间让他吃东西，他没办法接受。

父母喂他的时候要告诉他这是什么，为什么要让他吃，虽然他听不懂是他的事情，但是他慢慢会了解，然后他就会接受。**事先的教导和提醒比事后的责备更重要**。父母自己走路要像个样子，小孩走路就会像个样子。你看女孩子的走路方式通常跟她妈妈一模一样。妈妈能怪她吗？如果你自己走路是扭来扭去的，就会导致她认为扭来扭去才是正常的。所以我们常常讲父母在没有做父母以前就应该把自己先调整好。

亲子之间一定要和谐，大家才能够彼此信任，所以做大人的要减少小孩子情绪性的行为，不要让他发混账气。小

亲子之间一定要和谐，大家才能够彼此信任，所以做大人的要减少小孩子情绪性的行为，不要让他发混账气。

孩发混账气同样是大人没有尽到责任，比如一个小孩把碗打破了，你会有什么反应？你说没有关系，然后去收拾，不对。你打他也不对，怎么办？你就不要讲话，告诉他把碗放着，因为那会伤到手，他不会处理，你来处理。然后你把碗的碎片拿走以后，一定要给他一个抹布，叫他去擦被弄脏的地方，让他知道那是他弄的，他自己要去收拾。一遍没有擦干净，就让他擦第二遍。有安全顾虑的你替他做，没有安全顾虑的他跟着你做，不要让他想着你给他收拾，这才是正常的教育。不是说你什么都替他做，也不是说骂他，更不是说你不管他，都不对。因为你一骂他，他就有情绪化反应。你不讲，他认为以后可以随便把碗打破。

你不必讲太多，但是事后一定要讲，每天晚上一次，或者两天一次，三天一次也可以，花半个小时作为检讨时间，然后告诉他，他下午打破了碗，现在知道饭碗是会破的，碗破了以后会割伤他的手，今天幸好没有割伤，去弄干净的时候，觉得怎么样？小孩不会讲，你要替他讲，你说没有关系的。他慢慢就会消化，就有了经验，他就能从这当中学习，他就成长了。但是要鼓励小孩说话，所以父母在这方面真的要用点心。父母先把他送去医院做听力检查，看看是否正常。万一他的听力是有障碍的，你觉得他这样也不对，那样也不听话，他是很冤枉的。

如果他的听力是正常的你还要教他转舌头。其实我们看到很多人跟三四个月的小孩子在一起的时候，就开始教孩子转舌头。不用教他把舌头伸出来，你伸出来给他看，他就会伸。一个人舌头灵活，他将来讲话发音都会比较灵活。你看很多人急的原因就是舌头太短，他转不过来，他发音就是没有办法正常。如果小孩的基本条件有问题，父母要帮助他，或者请医生解决。没有问题，父母就教他练习舌头，然后要他学会听别人讲话。这个时候要给他听音乐，但是我建议大家少放儿歌，很多人都鼓励小孩听儿歌，我是不赞成的。因为儿歌经常是唱不清楚的。尤其现在做给小孩听的一些录音带，好像是故意弄模糊的，这样他听多了就会以为那是正常的，就跟着学。这是在害小孩，还是在帮助小孩？父母要把听得很清楚的东西给小孩听。

小孩说话不清楚、不流利，要找医生看是否舌头太短了，如果是就要把舌头之间连带的割一割，让他舌头长一点，他就好了。所以小孩刚开始话讲不清楚没有关系，不要笑他，要鼓励他说，说了以后把他的话拿来重复，拿来引导，这才是教育。父母要紧的是注意他的身体健康，食物要均衡，偶尔要出去呼吸一点新鲜空气，注意他的清洁，千万记住不要等小孩生病的时候才来注意他。中国人最高明的是在没有生病以前就开始注意孩子，你看我们会滋补的人是在夏天补，冬天才开始补就太晚了。我们看病是在没有病的时候就要看的，生病才去看是救急。高明的医生是治人未病的时候，不是已病的时候。等到病了才去看医生就晚了。父母要带孩子进行合理地锻炼，一天要有半小时以上的户外活动时间，但是也要注意他的正常睡眠。

高明的医生是治人未病的时候，不是已病的时候。等到病了才去看医生就晚了。

教育起点

如何让孩子真正赢在起跑线上

我们身体内外的卫生也要讲究。比如喝水就是内部的卫生，大小便正常就是外部的卫生，每天要洗澡就是身体的卫生。训练孩子的卫生习惯，比如小便一定要到指定的地方，不能随地大小便，小孩慢慢就会学，3岁以前统统可以学会，哪里有学不会的？父母还要指导小孩去看图文书，看书的时候姿势要端正，这都是要培养的。

图文书和玩具要放在固定的地方，叫孩子自己去拿，他要听哪个故事，自己拿。拿完了一定要看，看完以后要放在固定的地方，不能说完了母亲就去忙别的，搞得一团糟，那就养成坏习惯了。再忙也要陪着他弄好，或者看着他把东西放好，再做其他的事情。如果他是玩一阵子不想玩，你要把它收起来，隔一段时间拿出来，他又觉得很新鲜，又开始再玩。不是说拼命买一大堆，然后搞得他也不知道要玩什么，或者什么都不在乎，因为他不珍惜，他认为时间很充裕，如果玩坏什么玩具，不要骂他，因为东西本来就会坏，这是正常的现象。父母要告诉他，纸放久了以后会翘起来，那他也会去压它，这也是一种学习，他之后用得小心一点就好了。所以坏也是一种经验。

父母要记住在孩子3岁以前，人格塑造比学业更重要，这个时候要培养他一生的品德的基础，更要用心养成他各种良好的习惯。

父母要记住在孩子3岁以前，人格塑造比学业更重要，这个时候要培养他一生的品德的基础，更要用心养成他各种良好的习惯。学业不是重点，功课不是重点，会写多少字不是重点。他怎么跟人来往、怎么对外面的人有礼貌、怎么关心家里面的人等，这些非常重要。你看有的小孩子他要你的时候，他跟你很亲热，他不要你的时候就翻脸无情，要你的时候你就是他的妈妈，不要你的时候他什么都不要你管，你叫什么他也不理你，那你养这种小孩干吗？而且这种小孩将来长大是很可怕的。你要从这当中去调整。所以妈妈陪着小孩读书，这是最好的一种活动。慢慢从陪他到引导他自己动手，就是你陪他可以，他要看什么书自己去选，选定了，你念给他听。听完了，让他自己拿回去放。而不是从头到尾都替他做，也不是什么都让他自己做，要兼顾。

我们可以看到两岁的小孩是最调皮的，你看1岁、3岁、5岁的小孩生活都比较正常，人也比较乖巧，比较听话。两岁、4岁他开始翻天覆地，怎么办？有很多原因，时间过了他就好了。所以两岁的小孩根本不用太操心，他3岁就好了，你急什么呢？这是非常奇妙的。

两岁、4岁是孩子的阴岁，他不是很规矩；1、3、5岁是阳岁，他就规规矩矩了。小孩有时候这样，有时候那样，他是在学习，而且小孩慢慢大了会开始跟爸爸妈妈吵嘴，吵嘴也是一种学习。他是通过吵嘴，通过跟妈妈斗气来学习和成长的。你要接受他，因为我们都是这样过来的，为什么忘记了自己的过去呢？

4岁半是孩子一个很重要的阶段，8个月到18个月之间的10个月是第一个重要阶段，一辈子有没有信心就在这个时候决定。4岁半是一道墙，这道墙很难跨越。如果跨越过去，父母就可以放心了。

孩子5岁以后，一路都会很正常，因为他有很多好习惯，就会很好带。父母只要注意不要让他又染上一些坏习惯，比如注意不要让他交到坏朋友，不受坏影响就好。如果孩子4岁半跨不过去，那就要小心，要加倍地调整他的习惯。刚开始他会比较痛苦，会哭、闹，父母要有耐心，帮他跨越4岁半这道墙，他就开始很正常。5岁的小孩跟4岁是不一样的，3岁的小孩跟两岁的小孩是不一样的。所以我常常问人家，你小孩几岁？他说两岁，那我就知道，这个孩子会在沙发上跳来跳去，看到东西就弄，很正常。因为他是靠这个来学习、来成长的，不要急。

如果孩子到了5岁还调整不过来，就表示4岁半的墙没有翻越过去，那父母就要特别小心。我们希望大家首先看他的生理条件够不够。如果他天生就是听不见的，就不能怪他。如果医生检查他听力是正常的，你讲话他完全不在乎，你就跟他说："我放音乐给你听好不好？"他说好，放完你问他有没有听清楚，他说听清楚了，然后你再说："那我讲话你听得清楚吗？"你这样启发他、诱导他。他就会说，知道。他以后就会很注意听。

我们没有反对打骂，但是打骂是在不得已的时候才拿出来用的。你打骂多了就等于没有用。**教导他，指点他，提醒他，事后告诉他**。慢慢地孩子到了3岁以后父母才开始给他一些比较具体的约束，3岁以前就开始赏罚分明太早了一点。他就会认为只要不受罚就好，长大以后就是只要不违法什么事情都可以做，那更糟糕。

所以我们在3岁以前少去注意他的学业，那无关重要。我们只要把习惯培养好，把他读书的兴趣培养出来，读书也是慢慢来的，不要急。站要像站的样子，坐像坐的样子，躺像躺的样子，走路有走路的样子，这才是3岁之前我们要注意的。

> 我们关心孩子就是实际地观察，实际地了解，主动地去检查，甚至要去请教医生，把孩子调养好。

我们关心孩子就是实际地观察，实际地了解，主动地去检查，甚至要去请教医生，把孩子调养好。因为这是小孩没有办法做的事情，你要替他做。至于他应该做的事情，父母一点儿都不能马虎。你看8个月到10个月都要养成孩子规矩的习惯，何况在这个时候？应该怎么样就是怎么样，不可以说父母高兴，孩子就可以把书乱丢，父母不高兴就打孩子一顿。小孩子整个情绪就乱掉了。东西用完归原位，整理好再做下一件事情。吃饭前要提醒他快吃饭了，要让他提前把东西收好，要不然他正玩得起劲儿，你叫他吃饭，他不会听你的。如果你继续迁就他，把碗送到他手边，那他整个习惯都会被你破坏掉。**大人不可以过分地迁就小孩，因为他是不懂事的**。你一迁就整个规矩都搞乱了，将来要重新恢复是很难的。从严到宽比较容易，从宽到严是很困难的。要打破建制比较容易，要恢复规矩是非常困难的。所以不要因为一时的高兴、一时的方便，就破坏自己定下的规矩，这是非常重要的，一点儿也不能马虎。

> 不要因为一时的高兴、一时的方便，就破坏自己定下的规矩，这是非常重要的，一点儿也不能马虎。

第九章　孩子不听话的主要原因是什么

大人能不能打小孩，这是我们一直讨论的问题。我们也应该回过头来想一想小孩为什么总是挨打，你看同样是小孩子，有的很少挨打，有的经常挨打。

及时启发

“三岁看大，七岁看老”是真的吗

“3岁看大，7岁看老”，是什么意思？就是说一个小孩长到3岁的时候，你大概就知道他长大会是什么样子，小孩长到6岁以后你就可以知道他老了以后是什么情况，可是真的这么灵光吗？

大人能不能打小孩，这是我们一直讨论的问题。我们也应该回过头来想一想小孩为什么总是挨打，你看同样是小孩子，有的很少挨打，有的经常挨打。从小经常挨打的小孩可以看到他长大以后，他的人际关系通常不会很好，他跟上司、跟同事处得都很别扭。这时候就可以想象到，比较乖巧的小孩子，他也会做错，但是他会躲，他会想办法减少挨打。**从小就很少挨打的孩子长大以后，他在人际关系方面通常比较和谐**。一切都是命，也不一定。

我们长大以后，就要去想一下，自己小时候是什么状况。比如，我小时候总是挨打，可是我长大了以后，就想明明是我最小，怎么老挨打呢？因为太强、太拗、太坚持，于是我就开始调整，很多事情不要想到什么就讲，老板讲什么我就先说好好好，之后再说。所以很多事情看你是要走一条路还是走两条路，都是你自己选的。你说不会改变，他就真的不会改变；你说会变，他就真的会变。所以我们总是在用命定论、创造论扯来扯去，都是很无聊的事情。

我们要把6岁以前孩子的教养重点归纳起来，为什么？因为6岁以前可以说是一个人真正的黄金时期。那个时候他还不懂什么叫作黄金时期，但是就整个人生来看，在孩子6岁以前完全是家庭教育为主，我们必须要说明，幼稚园其实跟家教是一个阶段，不是分开的。如果幼稚园不能补足家教的功能，这个幼稚园基本上就是错误的。幼稚园、托儿所跟家庭教育是合一的。学校是从小学、中学然后到大学，那是它们的事情。我们在这个阶段一定要奠定小孩一生的基础，所以父母首先要认清楚小孩是摇摆不定的。小孩为什么摇摆不定？因为人生是学习的过程，你没有学打架，你一辈子就不会打架；你没有学骂人，你一辈子就不会骂人；你没有学过调皮，你也一辈子不会调皮。**所以小孩他一方面要学合作，一方面要学跟你对抗，这两种都是生存必要的东西**。所以小孩子顽皮也是在学习，听话还是在学习，那你为什么要骂他？因此小孩会来往，他会在这两种方式当中，有时候很合作，有时候很抗拒，有时候很听话，有时候就是不听话。这都是在学习。

小孩子认真上课，父母就觉得这样好；他认真跟父母对抗，认真气父母的时候，父母就很生气，是不是很奇怪？小孩很认真跟你对抗，就表示他学习很认真，那你就应该轻松地面对他，并且鼓励他才对，为什么要骂他、打他呢？他会合作，他也会反抗，就表示他有弹性，所以父母要在他刚开始跟你合作的时候，你就赶快多教他一点；当他开始抗拒的时候，你就少教一点。大人的弹性应该比小孩更大，但是现在有些父母教孩子的时候，不管他是反抗还是听话，一定要他听，那更应该挨打的就是大人。你看小孩不听话可以打，大人不顺着这个自然的规律，是不是应该挨打呢？这样你就了解到很多事情是自己的不对，不是小孩的不对。他反抗你的时候，你知道他在学习反抗，你不妨退让一下。他将来长大以后就知道，人家对抗他，他退让一点，人家合作的时候他就稍微近一点，一辈子都受益。所以我们在小孩入

大人的弹性应该比小孩更大，但是现在有些父母教孩子的时候，不管他是反抗还是听话，一定要他听，那更应该挨打的就是大人。

学以前，也就是在他6岁以前，我们要让他学习跟别人相处，跟别人相处不是完全听话，完全听话的小孩就会吃亏，也不是完全对抗就不吃亏，完全对抗他就一个朋友也没有，所以有时候他们会打架，有时候会手拉手，有时候嘻嘻哈哈，有时候怒目相向，这都是很正常的一种生活态度。**大人有情绪，小孩同样有学习情绪的反应。**

如果一个小孩从小到大始终不懂得反抗，那他怎么活下去？如果大家了解到这么一个状况以后，你大概就会改变自己，因为我们要随着他的生活慢慢地培养他。将来在为人处世方面碰到各种的状况时，他都能够适应得很好。你不能要求他，绝对不能发脾气。**让孩子了解大人比较难，大人了解孩子比较容易**。当他情绪不好的时候，你也不能跟他拗。你这样就很容易跟他相处，近者退之，退者近之。相处得愉快，父母也不能忘记教导的责任。孩子0～6岁当中有一道墙非常重要，叫作4岁半墙，父母在帮助他翻越这一道墙之后，他慢慢就会变成一个小大人。

小孩子在3岁以前是没有什么性别观念的，所以小孩子有时候玩弄玩弄自己的性器，父母不必那么紧张。小孩有时候玩自己的大便，他同样根本就不知道什么叫作脏。但是3岁以后他慢慢有兴趣，他会感觉到不一样，这时候父母要小心，因为这个时候男生会模仿爸爸，女孩会模仿妈妈，这就是小孩很喜欢扮“家家酒”的原因，他有一种自居的感觉，自居就是指小孩子只要是男生，他慢慢会觉得自己是爸爸，是女生就说自己是妈妈，这是很自然的，不是大人要他们这样做，他们是很自然这样做。

3岁以后孩子慢慢有性别的观念，男生会慢慢越来越像爸爸，走路、穿衣服、坐的样子、讲话的样子，这种都叫作自居。男生会拿自己的父亲来做榜样，认为自己就是爸爸，模仿得很逼真。所以单亲家庭的孩子这一点比较缺失，孩子没有模仿的对象。4岁的时候，孩子就要去控制自己的身体，所以你看4岁的小孩很顽皮，跳、闹，然后跑，什么东西都抓，这表示他自己有信心，可以控制自己的手脚，可以控制自己的身体，让你看他跳起来也不会摔跤的样子。他是在建立自己全面掌控身体的信心，你就让他去跳就好。不要孩子回来就骂他脏，他在外面跳一跳，他才知道他能跳多高；腿伸出去，他才知道自己的腿是有力量的。同时摔跤也是一种学习，摔跤了你不要去理他。

小孩子摔跤，他会先看看有没有大人在，没有大人在他不会哭，一看到有大人在，他就开始哭起来，他是哭给大人看的，不是他自己要哭。这是大人做错了。小孩子摔跤，你去跟他讲，不要动不要动，就帮助他安定下来，然后问他脚有没有受伤，手有没有受伤，没有事让他自己站起来看看，如果有事，就要去扶他。不要一下子就要去弄什么，不然他就知道，以后摔跤会是个很好的技巧，然后他就开始制造问题，吸引父母的注意力。当他长大以后就常常会装病，人家会可怜他、同情他、帮助他，这些都是他从一摔跤，父母就开始去照料他的过程中学到的。

小孩子做任何事情都没有什么善恶的观念，你说他这是有意的，那你是冤枉他。因为他需要你的教导，你看我们现在为什么一定要把洗手间看成是很脏的地方呢？就是从小一看到大小便，就觉得脏，其实那是从你身体内出来的，而且每一个人都有，那有什么脏的呢？因为你一定认为它是脏的，我们的洗手间永远不干净，就是小时候错误的观念。如果你认为那也不脏，可以处理得很干净，那洗手间马上可以变得很干净。所以很多外国人刚到中国都很不习惯，会说："你们的洗手间怎么那么脏？"我们现在会认为洗手间脏是天经地义的事情。就是父母当年乱教导致的。你把它处理好就好了，哪一天我们都认为厕所是很干净的地方，它就干净了。

你看现在很多地方的洗手间很干净，不应该有臭味，它就没有臭味；应该有臭味，它就臭气熏天，我们要从这个道理来了解。其实很多错误都是我们自己造成的，但是我们始终不承认，我们会把这种错误推给小孩子，因为小孩子没有抵抗力，你说他不对，他就只好认为自己不对，他很冤枉。我们要知道一个人的自立、他的体能、他的

> 我们要知道一个人的自立、他的体能、他的知觉都是在4岁半就可以看得很清楚。4岁半以后他的大脑发育较慢。

知觉都是在4岁半就可以看得很清楚。4岁半以后他的大脑发育就会变得较慢。你在孩子4岁半以前没有把他启发好，他这辈子的智力就受限了。所以我们常讲启发，那都是自我安慰。

学前教育

孩子入学之前的生存技能，父母一定要训练好

有人问，人有没有运气？当然有运气，4岁半以前碰到懂道理的父母，就帮孩子启发了大脑，孩子就变得很聪明。本来很聪明的孩子，碰到的父母不管他，也不帮他启发，那孩子的智力就得不到训练，就受到约束了。你看为什么乡村的人体能比较好，就是他4岁半以前有机会到外面去玩泥巴、去跑，试试这块软的土地，试试那个硬的石头，他什么都试过以后，体能就变好。在城市出生的孩子，一天到晚就被关在“水泥笼子”里面，他懂得什么？所以他行动也比较迟钝，直觉也比较不灵敏，这样你才知道为什么世界上的伟人大部分是从农村出来的。

我们现在很多人都一窝蜂想搬到都市里面去，那就是糟蹋你的小孩子。你去看看那些动物，凡是被关起来的，跟放在外面的都是不一样的，连鸡都要吃在外面放养的，何况是人？你把他绑在里面，你怎么能养得好呢？还有语言方面，现在问题更严重，5岁以前，孩子讲太多话的时候你要注意，他没有一样事情讲得好，他只能够达意而已，没有办法精跟雅。你看很多人讲话，他只会把意见说出来，但就是不雅，没有深度。比如我是讲闽南话的，我太太是湖南人，她讲长沙话，如果我坚持讲闽南话，我太太坚持要讲长沙话，那我跟太太没办法沟通，小孩将来就糟糕了。我在国外碰到太多这样的案例。有些台湾人到了美国还坚持要他小孩讲台湾话，结果他小孩长大以后，碰到会讲台湾话的没有几个人，因为大家都讲

普通话，而他对普通话一窍不通，这时候才后悔，来得及吗？**孩子5岁以前只能讲一种话，母语是他主要的语言**。

主要的语言要形成一种知觉的反应，不需要再想这句话是什么意思，你看我们跟人家讲话，总是会想这话是什么意思，人家就觉得我们很阴险。什么叫作母语？母语就是不必想你就会讲，不必想你就懂，这才叫母语。你看中国人讲英语总是讲中国式的英语，就是我们常常用自己的思考方法去讲英语。你看我们把好久不见翻译成英文就是NO time no see。但是外国人根本不会这样讲。**不要经过思考，最直接的反应，才是你的母语**。所以孩子5岁以前家里要协调好。你看我们家到最后就讲普通话。我的小孩不会讲湖南话，也不会讲闽南话，但他现在很轻松，因为他在美国可以很快学很多外国语言。

> 什么叫作母语？母语就是不必想你就会讲，不必想你就懂，这才叫母语。

不管小孩听不听得懂，父母要主动跟小孩多说话，他慢慢就懂了。现在的两代人之间不太懂沟通，所以语言不通。父母一阵子不跟小孩讲话，小孩也不跟父母讲话，他们就会自己发展出一套语言，然后父母就听不懂小孩在讲什么话，所以我们就不能按照自己的理解去认为这是什么话。你看以前我们说的话，一辈子都听得懂，现在老年人过一阵子就听不懂年轻人讲什么。这是我们造成的。所以大家都讲普通话，你讲了我听不懂，我讲了你也听不懂，这算什么语言呢？我们说没有办法，这是时代的不同造成的，这都是胡说八道。你常常跟他讲话，他就没有必要去乱创，自然会讲你的话。一天到晚讲帅哥、美女，听起来都很肉麻。当满街都是帅哥的时候，那就没有一个帅哥。

小孩什么时候学外语？语言学家通过研究已经说得很清楚，国小（6～12岁）年级才开始学外语，否则你这辈子没有一种话讲得好，都是吞吞吐吐，都是只能表达你自己的意思，人家讲得深一点，你就听不懂了。你也没有办法讲得比较高雅和明白。那也是你自己倒霉。

一个小孩到了5岁，基本上已经不需要大人照料。因为他已经翻越4岁半这道墙，所以小孩到五六岁还样样要大人去做的话，那大人就该反省了。一个小孩到了5岁，他基本的日常生活，比如拿餐具、洗碗，大小便处理，早上起来穿衣服，晚上回来把换洗的衣服弄得整整齐齐，放在要洗的地方，书包自己整理好，父母要去检查一下你小孩有没有做到这个地步。

孩子到了5岁就显得很聪明，而且很明显跟4岁就是不一样。他可以读，还可以写，对数字会很有兴趣。而且凡是跟衣食住行有关的你让他自己处理，他一生受用无穷。如果是要送到幼稚园去，那大家要看看你的小孩有没有条件去，第一个他要断奶，第二个他要会走路，他不会走路的时候没有人会扶持他，这两个基本条件有没有？还有的小孩语言不通，老师讲的话他都听不懂，他讲的老师也都不知道，那就麻烦了。另外，还要看孩子有没有自居的能力。

游戏是小孩的第二次生命，所以去幼稚园不是去学东西，而是去玩的。那你马上会想到，在自己家玩就好了。但是你家有没有那个环境？能不能让他充分地去游戏？而幼稚园会布置一个比较良好的、安全的、丰富的、多选择的游戏场所让他去玩。因为通过游戏他很容易学习，而且很容易社会化。因此你找的幼稚园是要配合家庭教育的。其实我有很多朋友问我，要怎么办幼稚园？我告诉他们："如果一个小孩到你这个幼稚园来，你很快把他训练到他回家看到爸爸会跟爸爸打招呼，看到妈妈会说妈妈我回来了，你的幼稚园一定很受欢迎。"生活教育在这个阶段比学业更重要。学的东西是经常在变的，生活的技能是一辈子不会变的，所以6岁以前总结起来，就是要做好入学前所需要的准备。小孩进入小学以后，大人都很开心，但小孩是很紧张的。

学的东西是经常在变的，生活的技能是一辈子不会变的，所以6岁以前总结起来，就是要做好入学前所需要的准备。

第一，他从很自由的状态要开始变成受限制的状态，这是事实。你看幼稚园很自由，孩子爱出去就出去，爱上厕所就上厕所，爱坐在地上就坐在地上。可是进了小学就开始有上课和下课了，他要过有规律的生活，要不然老师怎么教呢？如果你的小孩没有这种概念，他到了小学，还是爱跑出来就跑出来，爱扯老师衣服就去扯，那他就是笑话。老实讲一个小孩子要进入小学，他的情绪是很复杂的。一方面他非常希望进入小学，另一方面他心里多少有点恐惧，害怕不知道会怎么样。然后他有一种期待又相当的紧张，他不会讲，但他心里头会很乱。这个时候母亲就要特别体贴他，跟他讲："没有关系，你第一天上课，妈妈会在外面，你有事情妈妈随时会帮你忙，你放心好了。"然后让他到学校里，你就在外面。经过一段时间，慢慢地你再离开。

最要紧的是孩子入学以前要他养成一些好习惯，小孩子在6岁以前，需要父母全心全意地照顾他。他任何的事情中没有一件是坏事，因为他没有坏的概念，他都是在学习。你说这样不对，他心里想怎么不对呢？他认为那是爸爸在发脾气，那他稍微发一下就不行了？为什么只有大人可以，那他就记住，他长大了以后就一直发脾气，所以为什么小时候就能看到老呢？就是父母已经埋下这些隐患了。所以父母最好改变一下，孩子会接受的。

基础教育

孩子厌学、打架、不听话，是因为父母没做到这些

6～12岁的孩子，父母要做些什么事情？

我们现在慢慢感觉到全世界都很重视基础教育，或者把它叫作国民教育。**因为一个国家的国民，必须要具有一些基础的东西**。学校一定要在这6年当中把他培养出来。换句话说，学校要利用这6年的时间，把一个优秀的国民培养出来。

所以基本上一个人小学毕业以后，他就应该是一个好的国民。我们现在有没有做到？如果我们的小学教育是很健全的，我们的国民素质应该都是相当好的。可见现在的教育，并没有达到我们预期的目标。

我们回归家庭。因为这6年基本上孩子是受强迫的，因为这是义务教育，他非去读书不可。做妈妈的为了配合政府的政策，孩子怎么哭都得强迫他去，所以孩子会觉得没有进小学的前几天，父母对他还是百依百顺，现在他进了小学以后，父母跟变了另外一个人似的，“妈妈变坏了，妈妈不爱我了，妈妈想把我赶到学校去”。所以这个时候他就开始产生一种你是“坏妈妈”的感觉。他会有这种想法，你能怪他吗？就是当你的态度180度转变的时候，让他感觉到你变了一个人，以前是好妈妈，现在当然是“坏妈妈”。

所以你看孩子6岁以前，我们很少听到小孩说“妈妈是坏妈妈”这样的话。我是听过很多小孩当着他的妈妈面说，坏妈妈。没有这种经历的妈

大人在对待小孩的时候，大人的态度要慢慢地去调整，而不是高兴改变就改变，更不可以突然间变。

妈是很幸运的，就表示你没有转变得那么激烈。这就告诉我们：大人在对待小孩的时候，大人的态度要慢慢地去调整，而不是高兴改变就改变，更不可以突然间变，突然间变就是翻脸无情，长大以后他还了得？

在小孩没有进入小学以前，父母不要对他百依百顺。凡是百依百顺的都是纵容、溺爱，会把他宠坏的。当学校发现他没有办法跟其他人相处的时候，就会叫他坏学生，这是不应该的，因为在家里是被宠坏的小孩，到了学校多半变成坏学生，这样就对了。这两者有什么关系？当一个小孩把自己的妈妈看成坏妈妈的时候，他的讨厌就会转移。他就开始讨厌学校，他就逃学。上课他就调皮捣蛋。他会讨厌老师、讨厌学校，千方百计地不去学校，你把他强迫押到学校，他有机会就逃学。最起码他坐到教室里面就是不喜欢读书，那都是你造成的。所以妈妈千万不要操之过急，老实讲，孩子在小学一二年级的时候，偶尔几天不去学校，其实没有太大的关系。你越强迫他，将来他反弹的力道会越强。如果操之过急，你所有的希望都会成为泡影。所以我们要帮助他适应学校的生活。比如当孩子5岁以后，妈妈应该告诉他："你要去上学了，我带你到学校去。"我看到一些妈妈的确是了不起，她开车经过一所小学就告诉孩子："这是你的学校，你再过一年就要去那里上学。"小孩就会告诉自己，再过一年就要去上学了，他的学校是这个。然后妈妈慢慢告诉他："进了小学就不一样了，要准时，不能迟到，迟到全班同学就在那看你一个人进去，你会很难为情。"这个时候告诉他，是让他心里有个准备，让他知道到时候要自己改变，他就很容易适应。

比如爸爸妈妈要搬家，有没有跟你的小孩商量过，没有的话孩子就非常不安，他不知道你们在干什么，会不会把他丢掉，这就是父母没有尽到责任，父母总认为孩子没必要管那么多，跟着走就是了。他会很紧张、很不安，情绪也会受到很大的影响。

如果爸爸妈妈要搬家，就要跟小孩讲，“我们搬家以后，你的这些朋友都见不到面了”，他虽然会哭，但是他哭过一两次就不哭了，然后父母告诉他“没关系，我们搬到那边以后，你还会遇到新朋友。而且现在电话这么方便，你把他们的电话号码记下来，到时候你就可以跟他们通通电话，偶尔也可以回来看他们，他们也可以到我们那里”，孩子就没事了。一句你不懂，没你事。后遗症一大堆，最后还是大人倒霉。

小孩在学校，如果同学不理他，老师不认识他，妈妈不在场，稍微做错一下就挨骂，他会觉得自己孤立无援，他幼小的心灵为什么要承受这样的压力？因为大人没有教他，样样规定他都搞不清楚。**所以学校的规矩应该是在家里就要教会的**。告诉他上课是有铃声的，最好把铃声放给他听听，让他知道那是什么样的声音，他到时候适应力就很强，他就很有自信，他就能跟别人处得好，他就不会去跟老师捣蛋，他就很自在。

我们的教育是要治本，不是治标。你老看到他跟老师捣蛋，那是标，不是本，本就是因为他不习惯，不能适应。他对老师不了解，对同学也不认识，所以他身心的负担其实是很重的，只是他说不出来。所以你会发现小孩子到了学校就无精打采，因为他发脾气也没有人理他，哭也没有人理他。他知道这些没有用，所以他就开始无精打采，很泄气。发展下去，这个小孩就会越来越迟钝。

父母跟老师要多联系，不是去拜托老师给孩子调个好班，你怎么知道哪个好哪个坏？而是说，小孩在学校如果有些什么问题，老师告诉家长，家长在家里会帮忙调整。这样才对。所以父母去问老师是问孩子有什么问题，有什么缺点？他有什么地方是还不够的？而不是问他表现得好不好。但是现在的家长是只要小孩学得好，就高兴得不得了。可是英文好又怎么样？数学好又怎么样？体育好又怎么样？他是最好的吗？我看差得太远了。人上有人，天外有天，有什么值得骄傲呢？

还有的小孩因为在家里没有人可以打架，那他就到学校去打。小孩为什么要打架？因为他要分出“这是我，那是你”，所以就打。**一个人有自**

我的观念，有他人的观念，就是靠打架打出来的。

我在英国的时候觉得很奇怪，英国人看到小孩打架的反应跟我们不一样。他们会袖手旁观，不会去劝架也不会骂。我刚开始看不懂，我就去问那些人，我说："小孩打架，你们都不管吗？"他说："不是不管，我们管。我们只是先看看这两个小孩是不是势均力敌，还是有悬殊，如果有悬殊，我们会劝架，因为输的那个人一定倒霉，会把他打伤的。我们如果看到这两个小孩子势均力敌，大概也不会打伤，那就让他们去打就好了。"我又问他在旁边看什么，他说："看他们有没有打得过分，打得过分了我们才去劝。"他们有他们的一套生活哲学。他说："其实你们中国也有这样的说法，叫作不打不相识。"从生理学、心理学的角度来看，人的肌肤的碰撞，就是感情的产生。为什么说不是亲人不要抱来抱去？一抱就抱出感情来了。小孩两个人我看你不顺眼，你看我不顺眼，两个人滚啊滚啊，最后变好朋友了。所以肌肤的碰触会产生的后果就是感情。

小孩子也是不打不相识。他讲了半天"我"，到底什么叫作"我"？一出手便知道"我"了。父母有时候一看到打架，就不得了了，好像将来孩子就会杀人一样。也没有那么严重。他们打打打，也会累，孩子间你看看我，我看看你，觉得很好笑，说不定他们就抱在一起，变成好朋友。而且他会觉得打也不能解决问题，干脆我让你一步，你让我一步，他就学会让了。一个人进了以后他就会退，退了以后他就会进。

打架的原因是看年龄。你看一二年级的孩子打架都是为了抢东西。比如你的书包比他的漂亮，他就抢你的书包；你那支笔好看，他就抢你的，因为他没有所有权的概念。我没有说他们好，还是不好，我始终不用好坏来分事情，你觉得可以用你就用，你觉得不能用就不能用，那有它的好处，也有它的坏处。**任何事情只要有好处它一定有坏处**。但是，我们也希望小学生不要用二分法做判断。

“标准”答案

看电视、讲性、谈钱，家长教育时切忌以偏概全

我看到很多人，只要一个男人的爱人是小学老师，我就知道这个先生是很辛苦的。因为小学老师最有权威性，他教的都是小孩子，他不懂的孩子也不懂。不像大学，老师不懂的，学生反而懂，比如大学的研究生院，学生懂得可能比老师还多。所以从某一部分来讲“我是小学老师，我教的学生没有一个比我更懂的，我就有权威性”，这句话，老实讲，只有小学老师才敢说错，中学老师说错会很丢脸。当了大学教授，更不敢讲这个对那个错。所以你看，我们小学会有标准答案，到了中学就是参考答案，大学是根本就没有答案。

世界上有什么答案呢？我们从小就对小孩讲对错，最后会害他一辈子。我们要告诉他，你从这个角度看这个东西是尖的，你从另一个角度看，这个东西是平的。你再换一个角度看，这个东西是凹凸不平的。世界上的事情本来就是含含糊糊。我们是在相对论的时代、相对论的世界，不是绝对的。但是我们都是对小孩说这个不可以，一定要那样。你是很轻松，但小孩子被你害得一辈子脑筋就死掉了，就不幸福了。

> 以前的小孩子，好像不懂事，其实他长大以后，脑筋很灵光；现在小孩很懂事，但是他一辈子的发展很有限。

所以我们现在总说以前的小孩子，好像不懂事，其实他长大以后，脑筋很灵光；现在小孩很懂事，但是他一辈子

的发展很有限。因为他从小就认为这个他知道，那个他知道，结果什么都不知道。很多人很讨厌一句话：有些事情，长大以后你才会明白。但是它是真理。一个人不到30岁，很多事情是看不懂的；不到50岁，很多事情是怎么想都想不通的。所以有时候我们在讲话的场合，有些人在笑，其实笑的人自己应该检讨，你自己又懂多少？你在笑什么？有什么好笑的？我们告诉小孩，有些事情长大就会懂，不是敷衍他，不是不尽责任，而是本来就这样。

但是我们并不因为这样就看不起他。就是因为他不懂，我们才有更重大的责任，我们不能乱教。**天底下很少有绝对的是非**。父母如果一天到晚告诉孩子，黄花漂亮，黄花漂亮，他将来就有偏见，他就没有广阔的视野去享受到更多的东西。当小孩告诉你黄花很漂亮，你说对，黄花是很漂亮，小孩将来的生活就丰富化了。特别是电视、电信，会影响到小孩未来的价值意识。电视、电信本身是好东西，但是它的内容是非常有问题的。因为现在在搞那些东西的人，他本身的意识形态、价值观，很有问题。你看很多年轻的没有结婚的主持人在主持婚姻节目，没有结婚的人在讲两性关系，没有小孩的人在讲亲子教育，自己不会跳的人在讲怎么样运动。这都是事实。讲得头头是道，没有经过实践，都是道听途说得来的。我听着觉得好笑，他到底懂多少？

所以我们现在要小心了，电视进入每个家庭以后，把我们整个家庭教育都破坏掉了。因为小孩看到那个他会相信，他就开始不相信爸爸妈妈的话，对于奇形怪状的样子，他最有兴趣，好像小孩就应该那样。还有，我们的流行话也很可怕，他会把你整个价值观扭曲掉。你看有一句话，“只要我喜欢，有什么不可以”，那一辈子完了。所以父母要注意小孩子在看什么、在听什么。然后一点儿不能客气，告诉他这是不对的，那是说着好玩的，不应该那样。

所以在小孩子18岁以前，父母要多花时间跟他一起看电视，就是这个目的。不要他看他的、你看你的，你要设法引导他，让他自己去调整，自己去改变。我今天很坦白讲，养成小孩自己有判断力、自己有观察力、自己有选择力，这是父母要做的事情。不可以强制他接受什么观念，或者你一定要改变他的某种观念，这都是不对的。

养成小孩自己有判断力、自己有观察力、自己有选择力，这是父母要做的事情。

孩子在12岁以前，我们还有一件事情很重要，就是他再有一年就要进入人生中的青春期了。青春期是很麻烦的，父母应重视。12岁已经是前奏了，发育早的人，当身体开始不一样的时候，他就开始不安了。你看女孩子为什么会有月经？这是怎么回事？是不是出血了？如果父母始终把它搞得很神秘，那就完了。而且男女就开始独立了，你看同性就开始团结起来，因为他们明显地感觉到自己是不一样的。

因此他很想接触异性的同时又很怕，所以就开始用那种很奇怪的行为去逗人家。就是想接近对方，又不好意思，只有用这种方法。其实他去逗对方就是表示关心，就表示好奇。这个时候男女之间就开始有很多很矛盾的现象。做父母的就要告诉孩子，这是正常的。尤其是女儿，有了月经要恭喜她，告诉她，这表示她长大了，没有月经就表示她还是没有长大。但有了月经就可以生小孩了吗？你要告诉她，生小孩是很重要的事情，但是要小心，然后就开始告诉她一些该有的性常识，我倒不认为是性教育。让她有性的常识就够了。

父母用一种看得起小孩的眼光，用一种很亲切的语气，告诉他切身的事情，小孩会受用无穷。告诉他“性没有什么神秘，性是每个人都有的，是天生的，很正常的，你也不必太好奇，有些事情你随着年龄慢慢长大，你就会懂。到时候你觉得有必要，我们再商量、再研究。因为你现在根本就还没有发育好，所以也不需要现在把它弄得很清楚。”如此告诉他就好了。

父母用一种看得起小孩的眼光，用一种很亲切的语气，告诉他切身的事情，小孩会受用无穷。

父母对孩子完全性开放不对，完全管制也不对，还是恢复到我们所讲的两难。现在很多人都认为，你不管他就没有事，你管住了也没有事，这种话都是不负责任的。该管的才能管，不该管的你管他干什么？该教的才要教，不该教的你教他干什么？有人说既然有性教育，就应该有毒品教育。父母要不要买来毒品示范给小孩看，说这是毒品，这样子打进去？你做这种事情就很奇怪。有常识就够了。很多专家就是钻牛角尖，我们不要跟着他去钻牛角尖，我们也是靠常识活得好好的。小孩他有好奇心是必然的，你不要大惊小怪，也不要因为这样你就开始教他很多很多，他本来不懂的被你教得觉得非常有情趣，那就糟糕了。对于那些矫枉过正、热心过度、以偏概全的事情我们都要避免。

12岁的小孩子，已经小学毕业，父母要去看他是不是一个很好的国民，如果不是的话，那问题就出来了。不然什么叫国民教育？作为一个国民，对社会一定要有初步的认识，一定要重视社会的法律，重视人与人之间的交往，一定要懂得买卖。因为你要生活，所以是否对金钱也开始要有一些了解，什么时候该给他零用钱？给他多少？他的零用钱怎么用？让他了解金钱的价值。这才是应该教的。

> 作为一个国民，对社会一定要有初步的认识，一定要重视社会的法律，重视人与人之间的交往，一定要懂得买卖。

你看现在开车已经变成一种生活技能，那你有没有考虑过，你什么时候让小孩子去驾校？在美国，一个小孩16岁以前，他什么科目都可以不及格，就是开车一定不能不及格，因为那是每个人必备的技能。美国人只要到16岁就会开车，没有一个人例外，那是老师的责任，老师可以把你的小孩教得10+10不知道等于多少，可以把你的小孩教得英语讲不清楚，那都没有关系。可是你的小孩16岁还不会开车，那父母就会觉得很可笑，他们也会觉得老师不负责任。因为在美国不会开车就等于不会走路。

每个社会都有它不同的重点，我们凭什么盲目去学人家？美国社会开车的人年龄现在已经小到16岁，你如果问我到多少岁才不能开车，我会告诉你，不能限制。

我有一个朋友，他开车的时候，看见红灯他停下来了，但是后面的车子却撞上来，于是他下车去看，而撞他的那个人过了10分钟还下不来，又过了一会儿，一位八十几岁的老先生从车上下来，他行动缓慢，下车用了近10几分钟的时间，半天也说不出话。我那个朋友看了看，说："算了算了，我也不要你赔了。"八十几岁的人还在开车，不开车政府会派人去开。

所以美国政府没有规定一个人多少岁以后不能开车，就是终生可以开，开到你自己不能开为止。政府没有权力限制，不然制造出来的问题就会有一大堆。**每个社会不同，不要羡慕别人，那是很盲目的事情。**

第十章　什么样的教育才是适合孩子的

随着年龄的增长，小孩会积累经验，他会慢慢去摸索，找出一条成长的路来，这条路才是安全的。只有经过摸索的人，他才知道哪里可以去，哪里不能去。一个没有摸索过的人、一个始终走直线的人，有一天他到社会上去闯，整个就迷惑了。

逆反应对（上）

孩子过度叛逆，千万不要硬碰硬

孩子在初中阶段，有哪些教养的重点？我们都知道一个孩子在13～15岁这个阶段，他们的心理跟生理都有很巨大的变化，通常女孩会比较提前一点，男孩会比较晚一点点，一生当中在生理上的变化大概这个时候最显著。因此孩子的反叛性特别强，且非常容易冲动，所以我们为什么一直很重视初二年级的小孩，因为在一生当中，孩子在初二这一个阶段最容易变坏，他精力很旺盛，对异性也开始有兴趣，我们把这一阶段叫作人生的暴风雨期。

所以父母在这个阶段，要格外地小心，在管教上也要做一些调整，最重要的是看孩子所交的朋友是什么样的，如果他交上坏朋友，那你要小心，他迟早和他们同流合污，有人会说，这不是毫无办法控制吗？错了，我们不是消极的防范，而是要积极的引导。什么叫积极的引导？你看有些父母会帮自己的小孩安排朋友，这就是为什么做父母的平常要交一些好朋友，而且他们会交那种对方小孩跟自己的小孩年龄差不多的朋友，这非常有必要。

但是父母千万不要对孩子说："交朋友很重要，千万不要交什么坏朋友，现在我给你介绍几个好朋友。"他会抗拒，因为他会觉得要自己选择，为什么样样要听父母的。

所以我们很自然就是大家在交往过程中，小孩自然就玩在一起。我看到很多家庭，从孩子初中开始，两家父母会在小孩下课以后，不是你到我家吃饭，就是我到你家吃饭。当然也不必限定某一个人，可以三五个朋友，大家轮着来，有时候多一点，有时候少一点，有时候到他家，有时候到别家。这几个家庭彼此都很了解，有什么事情一个电话就可以联系，做父母的当然就很放心。也不是完全要交相同的朋友。我看到有一个家庭，每天下午他的小孩都会带一个小孩到他家里面来，可是两个人的家庭情况完全不一样，被带来的朋友，一坐下来就开始做功课，做得很起劲儿。而他自己家里的这个小孩在外面玩得一身脏，他也很愉快。**所谓朋友，不是两个兴趣完全相同的人才可以做朋友，**我们有时候要交一些兴趣相同，有时候交一些个性不一样的朋友，因为将来我们需要各式各样的朋友，只要不做坏事情，什么样的都是好朋友，这样才对。

因为将来我们需要各式各样的朋友，只要不做坏事情，什么样的都是好朋友，这样才对。

孩子有朋友在这里，他心里就很安，他做什么事情就很自在，也不会急着去外面找这个人或是找那个人，这才叫作好朋友。

同时我们要鼓励他参加课外活动，现在有些学校会组织校外的活动，家长千万记住自己要去了解一下，因为有太多是挂羊头卖狗肉的东西，不要上当。很多一眼看着不错，没有人会说它不好，这其实叫望文生义。比如一本书的简介都是写得很好，小孩说要去看，父母是同意的，结果读了才知道吃亏上当了，造成不良后果之后，回来才骂东骂西，怨来怨去，没有用。

事先防范，永远重于事后的指责，孩子自己没有办法找，父母要替他安排，但是不要硬性，不要让孩子感觉到父母对他不信任，而要很自然地安排，先从父母的来往，然后全家到对方家拜访，比如商量着两家一起到哪里去玩，或者共同去参加社区的活动，让小孩自然地相处，因为他们的年龄很接近，自然就会玩在一起，慢慢他们两个有了交情，彼此又信赖，做父母的就会越来越放心。

所以父母第一个要尊重小孩，第二个要告诉他安全第一，因为他的判断力跟大人的判断力不太一样，有时他认为很安全，父母就会提心吊胆。比如说去郊游、去登山，到底去哪里？父母要事先了解一下，同样是山，有的地方很危险，有的地方很安全；同样是河，有的很急很危险，有的又很平静且四周的安全措施做得很好，不可以同日而语。

总之我们对孩子要关怀，要沟通，而不是监督跟责问。你看太多的父母不是用监督的方式就是用指责的方式，一监督就会让人不自在；一指责就让小孩子感觉到，你事先都不让我知道，你这时候又来说我不对，那到底怎么样才对？有人就说，干脆不管，那他就做了，事先也不跟你讲。

我们会发现，小孩小的时候有很多话其实都会跟父母讲，可是他越来越长大，很多话就开始不讲，是父母逼他的，我们一定要让小孩感觉到跟我们讲话他不会吃亏。

为什么小孩每次跟父母讲话都吃亏？就是他一讲错话父母就骂他，一句话错误就打他，就告诉他不要讲，他就开始不讲，不讲父母又骂他，那他感觉很奇怪，“你要我怎么办？”

所以小孩讲错话你也不要骂他，小孩讲出完全莫名其妙的事情，你暂时也无动于衷，并不是说他这样就什么都不管，过5分钟或是过10分钟再告诉他，他刚刚讲得那些，现在再讲一遍听听看，有时候他会笑着说，“我说错了之后我就知道我说错了”，这样就好了。最好还是按照我们之前的建议，每一天有一个检讨的时间，到了检讨时间，由爸爸开始说，“今天有些事情让我觉得很高兴，有些事情让我觉得我当时顾虑不周，没有顾虑好才会讲这些话，才会做那些事情”。爸爸讲完之后，小孩就敢讲，“我跟妈妈讲话的时候态度不好，当时我很气，事后我知道这样是不对的，以后不管怎么样，我跟爸爸妈妈讲话都要缓和一点”。这个时候你要说没有关系，人难免都有情绪，知道改就好了，这样就会很轻松愉快。

人在情绪高涨、起伏不定的时候讲什么都是没有用的，大人能够控制自己的情绪，会等到情绪平稳的时候再把它拿出来讲，然后就很容易沟通。情绪不稳定的时候是很难沟通的，相反情绪稳定的时候，是很容易沟通的。所谓大人就是懂得让大家情绪都稳定，并且懂得让小孩自己提出来，他就没有压力。

情绪不稳定的时候是很难沟通的，相反情绪稳定的时候，是很容易沟通的。

小孩到了初中以后，他会认为自己是大人，要开始自立，他就不依赖我们了，我们只知道小孩一生下来，他肚子上的脐带就被剪断了，我们应该小心他除了这条脐带以外，还有一些心理上的脐带。

孩子在12岁以前跟母亲是相依在一起的。所以为什么我们总是讲母子连心，就是这条心理脐带始终没有剪断，可是到了初中以后会剪断，他不再依赖父母，而且他会对父母重新评估，他会认为父母讲的是很古板的，都是不时尚的，都是不现代化的，“现在已经不是这样了，你们还在用那一套”，他会这样想。而且这个时候他血气方刚，他会开始跟父母吵架，以前他个子小还不敢，看到爸爸妈妈总觉得会打不过、说不过，现在就开始试试看。

所以大家在这个情况之下，一定要记得他不是有意要跟父母吵架，而是他在学习怎么同大人吵架。因为这个时候他没有把你当父母，他是把你们当大人，他迟早有一天要跟大人吵架，与其到时候出去不会跟人家吵架，不如在家里练习如何跟大人吵架，将来出去才不会吵输给人家，这不是很好吗？一句话：他希望借着好的对手来实现自我成长，他把你当作好的对手，你应该感觉很骄傲才对。我这样讲的意思绝对不是鼓励他跟家长吵架，但是家长也不能因为他跟你吵架，就觉得他很不孝，好像是一个逆子，没有那么严重。你们吵吵架，等他不吵的时候你再问他，刚刚为什么那样，他自己就知道了。

人讲错话自己会知道，做错事自己会知道，可是你当时就讲他错，他会没有面子，他就会情绪化，硬不承认，反而不容易改变。所以我们才会

人讲错话自己会知道，做错事自己会知道，可是你当时就讲他错，他会没有面子，他就会情绪化，硬不承认，反而不容易改变。

用以柔克刚的方式，就是比较柔，比较缓慢，给他一段时间，他自己会后悔，他自己会调整，然后他一改变，你就达到目的了。

人所谓成熟不成熟就在这里，同样做一件事情，急的人都是很幼稚的，急不一定快，处理同一件事情，有的人慢一点，他不一定真的就是缓慢的，也许最后他的成就比较高，人生比较圆满，也比较没有后遗症，事情就解决了。不像急着解决了当前的事情，后面一大堆事情又出来了，哪个成熟度比较高？既然吵的成熟度比较高，你就让他吵好了，你一定要把他压下去，声音一定要比他大，一定要比他厉害，两个人就是幼稚对幼稚，有什么对错？

父母应该想到：我们毕竟是他的父母，小孩不懂事，他血气方刚，他已经开始在怀疑他以前所接受的那些价值观念，他已经感觉到父母已经不管用了，那就让他这样，看他能顶到什么地步。他一顶一吵，你暂时不理他，也不要给他脸色看，他自己会感觉不好意思，会反悔，他是靠这样来成长的。就像打乒乓球，没有几个人天生就是高手，没有一次打下来就打得很漂亮的人。我们都是从漏接、发不过去、打高空球开始的，如果你一开始就骂他、笑他，他就不打了，就算了，怎么能培养出他打乒乓球的兴趣呢？所以做父母的一定要有这种耐性，我们常常讲要忍耐，这就是最好的一种表现。

我们不要总是跟他对冲，我们始终跟他是直线的关系，现在我们改用斜线的关系试试看。

我举个例子，一个小孩跟妈妈一吵架，做爸爸的就挺身而出，对孩子说："妈妈这么辛苦你没看到吗？你可以对妈妈这样吗？从小到现在白教了。"这是错的，但是为什么爸爸会这样？因为妈妈有这个需要，所以这是父母双方都有问题，妈妈心里想：孩子对我这么不礼貌，你作为爸爸不站在我这边，还在旁边看热闹。这是没有教的行为，只是做得好看，表现自己站在妈妈的立场而已，完全没有实际作用，做爸爸的，看到小孩对妈妈不礼貌，有没有责任？当然有责任，要不要挺妈妈？当然要挺，但不是用这种方式，这种挺法叫直线型，孩子嘴巴不敢讲，心里会想：爸爸有时候对妈妈也这样，我为什么不可以这样？那就是你冲他也冲，最后发生冲突，大家不愉快。

爸爸要告诉孩子：“妈妈说你几句，你就这样暴跳如雷，那你以前说我，我也没有这样。”父母用走斜线的方式，他就觉得不好意思。就会停下来了，这个叫作点他，你把他点醒了就好，点不醒再点，再点不醒就骂，他没有话讲，他会后悔人家点半天，他都不行，怪不得挨骂。

小孩挨骂自己会想，才是聪明的小孩，如果他不会想，那很简单，我们在没有事的时候把他叫来，跟他说：“你最近老挨骂，你为什么这么倒霉？是爸爸妈妈脾气越来越不好，还是你自己惹的？”父母还是要继续点他，他说“爸爸妈妈越来越不好”，你问他要怎么办。父母不要解释，但是我们现在就是总跟孩子讲道理，总要纠正他的观念，总要让他听父母的话，有没有用？没有用。

逆反应对（下）

孩子和你“对着干”，做好这些轻松搞定

小孩到了15岁以后，他开始发挥他的自主性，开始发挥他的创造力。他自己有一套想法，这是好事情。如果一个人到了15岁，始终是什么都照父母的意愿去做，他就没有创造力。他始终没有吵架，没有顶嘴，没跟人打过架，不见得是好事情，这样想，父母就可以解开很多的心结。我们用讲笑话，用幽默、轻松的方式来点他，这个不是搞笑，如果大家都搞笑，时间久了就不知道哪件事情是真的，哪件事情是假的，会把你的生活搞乱，以后还怎么过日子？我们不要制造紧张的局面。

生活可以轻松，讲话可以幽默，你可以坦白地对他说“我讲一个笑话给你听”，他不会受害。但是，我们不能搞笑。

随着年龄的增长，小孩会积累经验，他会慢慢去摸索，找出一条成年人的路来，这条路才是安全的。**只有经过摸索的人，他才知道哪里可以去，哪里不能去**。一个始终走直线的人，有一天他到社会上，整个就迷惑掉了。

有些孩子在家里越乖，到外面越坏。父母心目当中的好子女，将来在社会上不一定是好人。为什么小孩一犯罪，父母都非常不相信，认为：怎么可能？我的儿子不是这样。可见你在家里看到他是这样，在外面他是另外一个样。要不然你怎么会那么惊讶？这是事实。所以孩子在你面前越乖顺，你越要提高警觉，他在外面是不是做法相反，要不然怎么回家这么乖。当然我们没有说是绝对，也有的小孩在家很好，在外也很好，那就不

用你操心。也有的在外很坏，回家还很坏，那你操心也没有用。而我们最怕是在家很好，出外很坏的孩子。

所以我们现在慢慢再回想，打乒乓球为什么要有教练？自己练习就好了，为什么要有人指点？因为像游泳、打乒乓球都是熟能生巧的运动，没有太多理论。就好像骑脚踏车，讲太多理论有什么用？骑上去就可以，但是一定要有人教，这是什么道理？就是教你的人有很丰富的经验，他会保障你的安全，使你有信心，你就比较敢尝试。

所以到了初中阶段，父母应该要担任子女的教练，比如子女的扣子掉了，妈妈先缝给他看，然后在旁边帮助他缝，最后让他自己缝，这叫教练。教练不是说你替他做，也不是说他做你不管，这都不叫教练。教练就是说他不会做，但保证教到他会做，这才叫教练。子女是会接受父母的价值观的，比如我从小很反叛，一直不听我爸爸的话，但是最后我都是照我爸爸的话在做。

你不反叛怎么知道，到底你在对方的心上有多大分量。如果因此你认为这个小孩子叛逆，将来不是好人，我觉得这样不对。有的人是从顺境中得到一些教训，有的人是从叛逆中得到一些教训，他都是在学习。你看父母就会知道，他的小孩都照着他的话在做，但是就是顶嘴，父母说什么他就是故意跟父母作对，那是个过程，不要紧张。可是我们也希望大家了解，同样的价值观，孩子的表现方式是不一样的，这才是正常的，如果每一代都一样，人类就不会进步。我们的价值观可以几千年不变，但是我们的方式可以随时变，因为每一代的环境不一样。你看像我的父母从来没有说一定要穿西装，因为在他们那个时候有很多种衣服，不一定要穿西装，偶尔穿就可以，我们现在穿西装的机会比较多，说不定我们下一代又穿别的样式的衣服了，不必管他，只要把价值观延续下去，他表现的方式父母要尊重他，不需要跟父母一样。

> 同样的价值观，孩子的表现方式是不一样的，这才是正常的，如果每一代都一样，人类就不会进步。

父母让孩子独立，是逐渐地放宽，在他可以自主、很安全的范围之内，尽量让他独立，将来他是要单独出去面对社会的，现在不训练还行吗？所以我们在金钱方面，要看看他有没有对于金钱的价值观，比如父母可以问孩子5元钱是多还是少、100万元是多少，父母从这个时候就开始，要训练他理财的能力，最好给他一个可以储蓄的地方，即使是一角钱，也可以让他存起来，便于将来使用，这就是开始让他有这种节俭的观念跟习惯。他要多少钱可以事先跟父母提出申请，父母问他这样合适不合适，用商量的方式来达到那个标准。不管家里多富有，不管父母多会赚钱，小孩一定要节俭，这是基本原则，**从小培养孩子该用才用，能省的一定要省，他一辈子不会受害**。

因为我曾看到，一个儿子跟他爸爸讲：爸爸，能不能给我10元钱？爸爸一出手就给他100元，说没关系拿去花就好了。你是显耀给谁看？你是要标榜什么？你在害你的小孩，他要10元你给他10元就好，他不够还会跟你开口，你急什么？而且你当时就算没有10元钱，你给他100元，你一定要看他有没有还给你90元，因为钱财一定要从小算清楚，是给你的就是给你的，不是给你的一角钱也要还，将来他就会清楚。而不是给他100元，小孩可能忘记了，他也不是占用，他没有这种观念，你也不讲，那就完了，小孩就认为人家给他的钱就是他的。

我还有一次看到一个孩子，年龄不小，就跟他旁边的人讲：“你给我买这个东西。”那个人被吓得一跳，一看小孩说：“我又不认识你，为什么给你买？”孩子说：“我要用，你买给我吧。”我亲眼看到有这样的小孩，就是他完全没有这种观念，因为他在家里面，无论要什么，只要一开口，家人就买给他，所以他以为大人都应该听他的话，都应该替他买东西。

我相信你没有亲眼看到，不太会相信这种事情，我是运气很好，我什么都看过。后来那个人犹豫了一下，还是没有买给他，那个人是对的，你再买给他，他就更糟糕，因为他在家里面没有受到过这样的训练，你看可怕不可怕。

我们告诉孩子亲兄弟明算账，一家人钱财要分清楚，因为这是做人的基本，孩子要多用，可以跟父母讲，合理一定给，而不是含混不清。含混不清，有一天孩子碰到钱就会不清不楚，一辈子没有人敢跟他来往。像这些才是我们要格外小心的，而不是整天跟他斗气，要把他压下去，搞得他没有斗志，对他以后的发展有负面的影响。

高考择校

孩子到底要不要上大学

小孩初中毕业进入高中，这是非常值得恭喜的事情。因为孩子的初中风暴期已经过去，你会发现同样是中学，可是初中生跟高中生会有很大的不同。因为在高中阶段他的情绪比较稳定，越来越懂事，他做什么事情都比较脚踏实地，不像初中生毛毛躁躁，好像什么都懂。所以从现在开始，我们会越来越不用管理，但是不管理不表示不关心，还是很关心。而且父母慢慢地要培养孩子自力的一种能力跟精神，所以他想做什么事情，只要是正当的，只要是合理的，父母都要支持，尽量照他的意思去做，他一听就高兴了。但是他最好提出来，我们研究研究，商量商量，问他是否愿意，我相信他一定会说愿意的。这叫作辅导而不是训导，以前我们都是动不动就要训导，现在我们辅导他。我们要告诉他，他已经越来越有自主性，自由度越宽广，他越要好好把握，好好表现，不要让人家对他失望，不要让人家看不起他。对待小孩也要尊重他的意见，但是我们现在很糟糕，因为考大学不容易，所以有些父母就盲目地一定要把一群年轻人挤到大学的窄门里面去，好像考不进大学就是很丢脸、没有前途，无论如何都要挤进去。

因此后遗症就出来了，小孩为了要升学，什么事情都不管了，这就完蛋了。为什么今天的高中生不像以前的高中生，以前的高中毕业生出来可以成家立业，因为以前的高中生不完全要升学，他可以做就业的准备，他可以陶冶情操，这样的人进入社会就是一个很完整的人。现在不行，现在的高中生什么都不想，什么都不管，他是一心一意要考大学，这是考试领导教学。他们仔细学那些要考的东西，不考的东西就不学，这样的高中生有什么用？只有升大学，其他无路可走。

所以小孩进入高中，到底要不要升大学？我是觉得还是要问问小孩的意见。因为人是终身学习的，孩子不一定要把所有的书都读完才出来工作，也可以读完高中就出去当学徒，做做工作，将来升大学后，再出去工作一段时间再来读研究生，都可以。为什么一定要读完呢？读完出来才知道没有用，半辈子已经过去了。你看现在为什么小孩身体不健康？就是因为他读书读到34岁还没有毕业，刚刚毕业还不能结婚。到了35岁还生不出小孩，那之后生的小孩体质会好吗？智力会好吗？你不会宠溺他才怪。

如果孩子一定要坚持升学，父母也不要泼他冷水，因为那也不是坏事情。父母可以问他要读什么系，不要替他指定。小孩被父母指定以后，他就变成为父母读书，他是提不起劲儿的，他也不主动，没有什么兴趣的。他会说："反正是我爸爸让我读的。反正这个东西前途怎么样我也不知道，有没有兴趣我不管。"然后他就混，那能读出什么东西？我们一再讲热门会变冷门，冷门会变热门，它是变动的。所以一个人应该学自己有兴趣的东西，而不是在乎学什么比较赚钱。偏偏我们现在都是学比较赚钱的东西，那就糟糕了。

我还碰到过一件很可笑的事情，我在大学教书那么久，我发现大学的排名，一路排下来，最好的是哪个大学，其次是哪个大学，小孩不管三七二十一，闭着眼睛就是要进最好的大学。结果读什么系，他都不在乎，我曾经问一个孩子读什么系，他说"我读数学系"。我说："你数学很好？"他说："我所有学科就是数学最差。"我说："数学最差，你为什么读数学系？"他说："没有办法，家人要我读这个大学，我就干脆什么系都填，填到最后一个就是数学系。"他也不想，但是就是这样。

所以你到底是选校还是选系？选系你就很有可能进入不怎么起眼的大学。有的父母就认为不行，一定要进那个排名高的大学，那孩子就所有系都填，明明搞不清楚什么叫动物系，孩子就填了，进去就是害死很多年轻人。其实你先问小孩要不要读大学，而不是问他读什么，如果他说要，那你问他为什么要读大学。**一个人如果连为什么读大学都不知道，就去读大学，那就是浪费时间**。所以我们为什么每次要提出一些重点，就是他不懂，你要指点他。我的小孩要读大学，我就问他为什么读大学。然后问他要读远方的大学，还是家隔壁的大学。他都搞不懂。我就会告诉他，如果他选择远方的大学，从此他就离家了，他就比人家早4年离家。他如果选家附近的大学，就可以跟家里人在一起多待4年，然后问他选哪个。

现在的小孩都是很盲目的，南方的小孩要到北方读大学，北方的小孩要到南方读大学，问他为什么，离家远一点儿，免得父母多管，就是这么简单。那是斗气，那是跟自己过不去，我跟我小孩这样一谈，他就在我们附近的城市读大学，也没有妨碍什么。如果小孩读大学就是为了要离开家，这种动机是正确的吗？家里哪一个地方让他不满意，得罪他了？**一个聪明的父母就是要常常对子女提问题，而不是常常给他教训**。我都是用提问的方式，随便他答。我问他要不要读大学，他说不要，我也不会骂他，但是我事后会问他，“我有没有记错，你上个星期讲你不要读大学？”他又说他要，他是可以变的，人只要活着就能变，为什么不能变？他说“我那个时候觉得读大学很辛苦，现在想想不读大学不行。”我说“那你决定了没有？”他说决定了。我说：“再想想看，说不定下个月你又跟我讲你不读了。”经常做教练的人，开口就训，闭口就骂，你骂什么？当你问他要读什么系，他说要读哲学系，你也不要吓一跳，更不要认为读哲学系没有饭吃。你那么急干什么？你先问他，为什么要读哲学系，你慢慢去了解他的价值观在哪里。父母跟他交流这些就是要帮助他树立人生的大方向，现在有些人的人生是没有方向的，那就是典型的混。

我不知道大家有没有想过你活着干什么，如果答不出来那就是混饭吃，要不然你活着干什么？我们迟早要想，那是我们的方向问题。一个18岁的小孩，他在各方面都成熟了，照理说他可以成家立业，只是因为他现在越来越不成熟，教育越来越没有办法让他成熟，所以不得不让他去读大学。大学毕业没有用，不得不让他去读研究生，要讲不得不，不是说应该的。一个人的一生有多少时间，大部分浪费在学校里面，这个有什么好处？好，现在要这样我们就这样，也没有关系，我们一定要让他有一个人生的方向。你可以再问他："你读这个系能达到你的理想吗？"你不要告诉他，直接问他问题就好，我们的目的是要刺激他自己去想、自己去反省，因为这是他的事，不是你的事。他已经快要飞出去了，你还要绑他干什么？我们帮助他提前做好准备，他要就业，他就做就业的准备，他要升学就做升学的准备。但是不管他是准备要升学，还是准备要就业，做人的基本要稳住。孩子选择就业我们要鼓励他，不是家里有钱，就用不着他这么早出来赚钱。那他们的读书就没有目的，他的目的只是家里有钱，那他就多花一点儿钱，就到学校去混。我们要告诉他：一个人迟早要自食其力，因为自食其力是很有必要的。也不要告诉他"父母老了不能养你一辈子"，这是父母的事情，跟孩子没有关系。你只要是一个人，你就要自食其力，为什么？因为这样你才有成就感，你的经济才会稳固，你才会有安全感。

> 你只要是一个人，你就要自食其力，为什么？因为这样你才有成就感，你的经济才会稳固，你才会有安全感。

所以小孩长大了以后一定要出去谋生，不能赖在家里面，不能说家里有饭吃就好吃懒做。不能偷懒，因为每个人都要劳动，不可以怕苦，因为苦了以后，斗志才会被磨炼出来，这种小孩到了哪里都是受欢迎的。你看现在有些人这个看不顺眼，那个看不顺眼，有好事找到他，有坏事推出去，不能吃苦，没有责任感，谁家要这种人？

所以我们帮助他提前做好准备，他出去就会变成一个好的员工、好的同伴、好的同事，这是我们在准备就业以前，就应该做好的。我们不断地告诉他，出去不要跟老板闹意见，要听老板的话。他要吵架自然会吵，用不着你鼓励他，你老叫他不要吵，他有一天受不了就会吵。那是有一个限度的，我没有听到过一位父母告诉孩子，出去有看不惯的就跟老板抗议，有看不惯的拍完桌子就回来。因为那不是正常的行为，小孩迟早要离开家，这样各位才知道要趁他小的时候多照顾他。因为你一生当中能够照顾他的时间就那么几年而已，这几年你都舍不得花时间陪他，那你做父母干什么？

学会忍耐

做到这点，孩子未来更有弹性

小孩到15岁以后，他的翅膀就慢慢硬了，他就开始不太听父母的话，而且什么事情都要自己做。18岁以后，他随时都会离开，不管是进大学，还是去就业，你不能舍不得，因为小孩长大成熟了。但是在他还不成熟的时候，他会有一些脱轨，有一些不正常，那你要辅导他，要纠正他。我们讲人生，每次都不一样，因为在不同的场合，人生是不一样的。在这里我们又讲人生是一种适应的过程，你要能够适应各种不同的环境，如果你的弹性很大，到哪里都能活，你这辈子就很安全。如果你只能适应一个地方，只能适应轻松的工作，你就惨了。

> 人生是一种适应的过程，你要能够适应各种不同的环境，如果你的弹性很大，到哪里都能活，你这辈子就很安全。

我们一方面要满足外在的要求，因为外界会对我们有很多要求，我们要去适应；一方面要满足我们内在的需要，因为你自己也是有欲望的，我们也要满足。**满足自己也要满足环境，两边都要兼顾，走到合理的地步**。所以还是那六个字，两难、兼顾、合理，我们各种偏差的行为、各种反常的言行，都叫作适应不良。一个人适应不良，他就失去了平衡，失去了平衡，就会无所适从，自己痛苦，别人也不安。

我们表面上看起来好像是因为学习成绩差，其实不是。你看很多人开口闭口就说自己的文化水平低，其实一点儿关系都没有。你看，我们会跟人家吵架，是因为学问不好吗？应该不是。我们不受欢迎是因为学识低吗？也不是。那是什么？品德修养不好，一句话就讲完了。我们所认为种种的不适应，最后都把它归结为自己没有学问、成绩不好、没有受太高的教育，这不正确。你看博士也不见得人缘就好，没有读书的不见得样样就不如人家。我们大部分问题都是跟品德有关系，很少跟学业有关系，我们完全看错了。

> 我们所认为种种的不适应，最后都把它归结为自己没有学问、成绩不好、没有受太高的教育，这不正确。

小孩已经18岁的时候，你就要提高警觉，不能还是把他当小孩一样，给他难堪，因为这个时候他已经随时要走了，你再逼他，他就真的走了。那就叫作临门一脚，你看多少人因为爸爸的一巴掌从此就不回家，这个时候你还逼他，那你是跟自己过不去。所以你就开始要用接近大人的态度来对他，你要告诉自己，他今天之所以会不好，你也有责任。因为你如果从小对他有正确的教导，他就不会是今天这个状况，这样你就心平气和了。

但是你要告诉自己，没有一个小孩是管不回来的，很多人都说，碰到这个小孩他没有办法。你能不要他吗？你不承认他有用吗？所以第三个观点是“浪子回头金不换”，**一个人有时候做过一些坏事情之后，他改过自新，会比以前更好**。你看很多人就是老了才出差错。因为他一辈子从来没有做错，所以他不知道如何去预防，结果老了出差错，那就是晚节不保。一个人晚节不保，那一生的荣誉就泡汤了。一个人在年轻的时候，样样都试过，他比较有免疫力。他就知道这个东西事先可以预防，可以避免，不会老了才出错。你朝这个方面想，你就知道，所以我们希望所有的父母永远不要放弃你的子女。你一定要坚持一个信念，就是小孩跟自己的关系是割不断的。对于那些你哪怕没有办法，一想到就很泄气的小孩，也要记住一句话，忍耐，永远不放弃。很多人讲过，我已经够忍耐了，忍耐了那么久还是没有用。我说你还是不够，忍耐没有用，再忍耐没有用，再忍耐还不行，那你要告诉自己，这是力道不够。最后一把“剑”就上去了，效果就出来了。为什么说行百里者半九十？走100里路，要走到90里才算走一半，这算什么数学题呢？我们一般人走到一半就说一半，其实没有那回事。因为越往后，你的体力越不足，就越有可能放弃，所以最后5分钟才是最重要的。最后10公里才是最难走的，因为你已经撑不了了，所以什么叫作忍耐？我的答案很简单，效果没有出来的时候表示你忍耐得不够，就是这么简单。只要你忍耐得够，效果就出来了，你的小孩马上会变好，我这不是讲好听的，因为有太多人讲他对待小孩没有办法，失望了，最后就无所谓。我说这样的人生没有意义，没有价值，他说怎么办。我说忍耐，永远不放弃，这条路走不通走那条路，那条路走不通走这条路。

你要心平气和去想，你跟小孩总有一点儿重叠的共同的兴趣，不可能一点儿都没有。比如说你和他聊天的时候能心平气和，那就好了，那你就多跟他聊天。你要找到你们的交集点，就算是聊天也不要放弃，你聊天的时候不要教训他，不要给他难堪，不要让他认为你是用聊天的方式来教训他，最后他连聊天都放弃了。有人跟我讲：“我的小孩什么都不想跟我说，只要我带他去爬山。”我说：“那是好机会，你就带他去爬山，千万不要边走边跟他讲一大堆，他下次连爬山都不跟你一起。”就爬山、爬山、爬山，他自己会主动告诉你一些事情，你就成功了。他会告诉你更多的东西，你就满意了，他最后什么都跟你讲，那时候他就得救了。人迟早自己会改变，你要给他机会，我们现在的父母大多是从来不给孩子机会，认为：你听我的更好，不听我的拉倒。太霸道，太自我了。**小孩子不能自我，大人也不能自我**。

为什么中国人总是告诉你无为？很多人真的听不懂什么叫无为，无为是没有什么目的，你喜欢爬山我就陪你爬山，如此而已，那就叫忍耐。如果是爬到一半就开始坐下来清算斗争，最后孩子就会跑掉，你还得一个人摸索回来，太可怜。就只是爬山，你什么都不做，他会觉得奇怪：你真的喜欢跟我爬山吗？他一改变你就成功了。一个最聪明的人，就是你

> 一个最聪明的人，就是你不做他就做；一个不聪明的人，就是他不做你来做，那你累死了。

不做他就做；一个不聪明的人，就是他不做你来做，那你累死了。就是这么一念之差，但是现在的人耐力都不足。我曾经在学校里面，告诉学生要忍耐，学生跟我讲，他已经够忍耐了。我就问他："你讲一个实例，你怎么忍耐？"他说："有时候我搭公共汽车，看错了时间，早一站下来，我没有再搭车，我就走过去，走一站路算忍耐。"我说："这个不算忍耐，这与忍耐的尺度、忍耐的标准相差太远。"一个人如果没有吃过苦头，懂得什么是忍耐？比如我小时候是走一个小时去上学，再走一个小时回来。那走一站路算什么？大家一定要理解，**经济越富裕，人越没有耐心，越没有办法吃苦，失掉得越多**。我们很多事情这样想想，还要那样想想，这样才符合我们的阴阳文化，才是爱因斯坦所讲的相对论。天下哪有绝对论？这样看看不行，那样走走，说不定就通了，两边都不行，另一边还可以走。多方尝试，不一定说非要怎么样不可，你总有一条路能走成功，我们很会讲就是做不出来。

孩子18岁应该做好自立谋生、自食其力的准备。考得上大学，高高兴兴去读书，考不上也不要自卑。如果想创业，一定要读到大学再出来那太晚了。很多人一辈子做的事情，跟进不进大学完全没有关系。我希望大家到学校受教育，不完全是求知识、培养能力，而是把它当成一种享受。像我进大学读四年就享受四年，如此而已。不是一定要读大学才能活，考不上大学统统要自杀，不要有这种偏激的观念。

> 我希望大家到学校受教育，不完全是求知识、培养能力，而是把它当成一种享受。

第十一章　做人最重要的是要有人的“味道”

要以平常心做平常人，然后从平常当中去表现你的了不起，这才是真正的了不起，所以我们有一句话要记住：从平凡中变伟大，才是真正的伟大。

大学规划（上）

大学期间如何规划，才能让人生逆袭

小孩考上大学的时候，不只是他自己高兴，几乎全家人都觉得很振奋：我们的小孩不错，考进大学了，所以一个刚刚进入大学的小孩子，他难免会沾沾自喜，父母不要怪他，因为我们的电影、我们的小说，常常把大学生描述成一种很特殊的人物。所以我们不能怪这些考上大学的年轻人，他们的眼睛可能会突然间伸高到额头上面，有的还会伸到头顶上去，好像天底下就数他最了不起，其他人都不算什么。

但是不用急，用不了一两个月，他就会知道谦虚，因为人家问他："你在哪个大学读书啊？"然后他就说他在哪个大学，人家露出的那种表情，他就知道了。因为我们很糟糕地把大学很刻板地分了等级，认为这个大学很好，那个大学没有什么，这个大学是混的。不可以这样，但是我们都是这样，这样大家才知道为什么考大学的时候，有些人一窝蜂地要挤到某几个学校去，就是大学评选、大学排名所造成的恶果。我不相信某一所大学好就是每个科系都好，我也不相信一个大学好，就是什么都好。

好大学是什么？就是老师最差劲的大学就叫好大学。为什么？因为他的学生好，老师好也没有用。反而那些排名比较靠后的老师都很认真地在拼。

我们要评价一件东西，先要看很客观的条件，但这是非常不容易的事情，大学生很快就心里不平衡，因为别人看到他，就觉得他也一般，也不见得怎么样。但是有哪个大学生能够改变这种现实？没有办法，只好认了。但是做家长的，要给孩子打气，比如那些拿到博士学位的人，他不一定是好的大学毕业的，因为一个人进了好的大学以后，他就开始很骄傲，而且被人家管了十几年，现在进大学了，他抓住机会就开始出去玩。

你看很多学生在大一的时候，整个人都改变了，就是好大学给他带来的。

相反，在不好的大学，因为人家看他那种眼神不太对，他就很认真学习。最后有很多很好的学生出来，将来他在研究院表现得更好，并且拿到博士学位，成为真正有成就的人，这样的案例非常之多。

人生是长途的竞赛，不是短跑。你在初中领先，你的高中不行有什么用？你在大学领先，到研究院不行，那不是等于零？

大多数人都认为进大学就是要玩的，不玩进大学干什么？已经苦了那么多年，就为了进大学，进去以后，老师也不管，上课去不去也无所谓，也没有一定的教科书，一个学期可能考个一两次，甚至有的老师嘴巴问个问题就算了，他就去玩了。这个“玩”就是“完”，人一开始玩，他就完了。这是大一的学生。

大二更糟糕，大一总觉得他读的学校很好，他读的科系很有用。但是大一一结束，快进入大二的时候他就受到了打击。受到了什么打击呢？就是大家要转学、要转系，他就开始慌了。然后从大二的下学期开始，他就听到准备休学、重考的消息。一下子感觉到好像读个大学没有什么了不起了。于是他就开始怀疑，到底是学什么？是兴趣比较重要，还是出路比较重要？而这两个很难平衡。所以我们不要认为小孩考进大学好像就没事了，他事情还有很多。

所以这个时候父母就要告诉他：“你们要考虑我们这个家庭的背景，要想培养出一个大人物，最起码要有三代。这个也不是公平不公平的问题。有些人从小看得就很多，因为他们家条件好。而我们家呢，所认识的都是没有什么成就的人。为什么有的人从国外拿到博士学位回来他就是高官，而有的人从国外拿到博士学位回来还是照样要打工，这是现实。因为他碰到部长都叫伯伯，你碰到部长都不认识你。所以有的人上去以后就是高官。”同样的道理，如果他的伯伯、叔叔都是大企业家，他一回来马上就是经理。你又不得不面对现实，去考虑这些问题。所以这个时候你还要告诉他：“我们家的关系不错不一定是坏事，咱们家也是经过几代的奋斗，为什么有关系就是坏事呢？所以你放心，不要急着赚钱，你要读哲学就去读，你要读历史就去读。因为读这些出来都是赚不到钱的，不急，你喜欢研究，你去当科学家，10年之内，你赚不到钱，不怕。”父母这样鼓励，他就有信心，再冷门的专业他都敢去读。比如当初他选航空的专业，可能它是最冷门的，现在有时候冷门专业出来的学生，反而很重要。你看以前我们怎么会想到航空。但是现在航空变成最热门专业了。而且他学航空，就没有人跟他比，不管他在外国学得再烂，他回来就是航空专家，那就是得到了。你看再早10年，你学航空专业，你只能乖乖地在美国，回来有什么用？现在你一回来，你就是专家，而且一般人搞不懂什么叫航空，所以航空专家就更值钱。

因此我们呼吁大家，不要总是把人很平等来看待。大家都懂，就不值钱，大家不懂它就很稀有，它就值钱。所以当孩子到了大二，父母要告诉他，“你自己拿定主意，你看看我们家庭是什么背景，你再考虑将来要怎么发展，这样就好了”。你也可以告诉他，父母可以全力支持他，他要是喜欢搞研究就去搞研究。你可以告诉他，家里头，大概只能供应到他大学毕业，后面的事情恐怕要他自己打点。他就懂了，他就知道他该怎么选择。

大二过去了，大三怎么办呢？大三就要开始决定他是继续读研究院还是要去就业？如果是要去就业，等到大四毕业才出来找工作就已经太晚了。如果到了大二，人家转学，他也不来，人家转系他也不想，他就是这样读到毕业。这时候他就要考虑，是就这样毕业之后去考研究所，还是毕业先去就业。如果决定毕业就去就业，那现在他就要开始打听，哪一家企业是他想去的，这个时候就要去找，他有两年的时间。一方面他用功读书，另一方面他才知道有没有机会，如果没有机会，那就要找机会。有了机会，他才会为了就业而学习，他比较知道自己该学些什么，他比较有信心，这个学了出去就是有用的，而人家也比较喜欢。

我相信如果你是企业家，看到一个大学生才大三，他来找你，说他毕业想来你公司服务，问你公司需要些什么，你先告诉他，他还有两年时间，可以多学一点，他将来会把所学到的知识都拿到你这里来奉献。这位企业家会非常欢迎的。但是现在多数人都是等到大学毕业，然后和大家挤成一团，乱成一堆。你为什么不提前呢？所以，找就业的对象，做好准备，然后很顺利地投入这个行业。这都是大学生应该做的事情。如果只是整天应付考试，整天看教授来、看教授走，那算什么大学生呢？

父母在这个时候就要提醒孩子：你已经大三了，再过一年多，你就要进入社会了，社会跟你想象的是不一样的，社会跟大学是不一样的。学校的老师也许很有学问，但是他不一定了解社会的状况。父母要提醒他。需要这样的提醒是因为当一个大学生从校园的围墙里出来，一脚跨到社会上去，他会非常地失望。因为他会发现社会跟老师讲的都不一样，跟他的理想中的都不一样。到底怎么办？因此，你会发现，在学校里学习成绩越好，走入社会后，他越是反叛，越是认为这个社会对不起他，再加上他大学四年，好不容易每一科都及格了，拿到文凭他才知道大学文凭没有用。

今天，毕业就是失业是全世界共同存在的现象。不像以前，以前一个人只要进入大学，他这一辈子吃穿都没有问题了。比如在日本，只要你家的小孩，考上日本东京帝大，所有的人都告诉你，连新娘都给他准备好了，他从此也不用去追女朋友了。因为有很多人的理想就是专门嫁给东京帝大的毕业生，不管他是谁，嫁给他就是因为他是东京帝大毕业的，不管他学问好不好，人长得怎么样。

大学规划（下）

在校大学生应该如何避免毕业即失业的尴尬

“书中自有黄金屋，书中自有颜如玉”也不是什么事实，况且现在时代已经改变了。现在大学生很多，在求职的人当中，如果只有两个大学生，这两个大学生就是得天独厚的了。但是当你看到前前后后所有来求职的人都是大学生的时候，你知道完了。这个时候反而是看谁的长相好，看谁的口才好，看谁的品德修养好，看谁有礼貌，反而看那些没有用的东西。因为你平常总觉得学习成绩才有用。这个时候你才知道，你认为有用的，原来是没有用的；你认为没有用的，反而是有用的。那你就很后悔：我那么认真读书干什么？我不如去参加课外活动，最起码人际关系好一点，最起码应对进退好一点。这个时候才后悔，有用吗？没有用。

所以他们就认为自己上当了，就开始怀疑：这书本就是骗我的吧，我那么认真读，结果读出来都是没有用的。因此他就决定从此不看书。然后他说：“啊，我才知道啊。”太多的人，大学一毕业，他一辈子就不看书了。

人是什么？人是有钱就可以享受一切，所以他由本来一个追求知识的人，突然间就变成拜金主义者了，认为钱第一，一切向“钱”看，“有钱能使鬼推磨”。其余什么都是假的，你看一个大学生就是这样变过来的，那以前他们所学的都没有用了吗？很多人都是这样认为，这就是没有被引导。

一个人进了大学，你要告诉他，进大学是要继续求取学问吗？他说除求取学问之外，品德也很重要，你说“好”，身体也很重要啊，交男女朋友也很重要啊。你要把它的范围扩大。然后你要问他，大学生所接触的教育是通才，还是专才？老实讲，我们读大学的时候，大学是通才的，因为一个人刚刚高中毕业，进入大学，他还没有通，没办法专，现在大学都是专，一进来读书就是一头读书，其他历史地理什么都不知道。这样子有什么用？所以很多专家出来以后，与这个社会没办法沟通。这个就变成笑话了。可是大学生哪里懂这些，他只知道他很神气、了不起。

所以，曾经有一本书叫作《女大学生亡国论》。我不知道大家听到这个书名会不会大怒，会不会大笑，但就有这本书。他说全国的女性同胞如果统统读大学的话，这个国家就完了，你听到这句话一定很生气，认为又来重男轻女了，那男大学生难道不会亡国吗？同样是亡国。只要我们全国的同胞统统读到大学毕业，这个国家就完了。我问你，当有一天，如果我们全部都是大学毕业生，谁去扫地？谁去挑大粪？你说不用挑了，随机处理。比如，4个大学毕业生都是电机系的高才生，但是他们只会打扑克牌，电风扇坏了没有一个人会修。他会画很多图，给你讲一大堆道理，会告诉你电风扇是怎么转的，这些他都懂。就是看到电风扇，他不认识电风扇，电风扇也不认识他。

今天我们的社会就是这样，我们造就了很多只会开口说空话的人，我们找不到技术工人。你看家里头不是有大学生吗？可是他煤气坏了不会修，电灯坏了不会换。他什么都不会，但是他什么都懂，讲一大堆道理。

一个小孩进入大学，我们应该恭喜他，但是我们也应该告诉他：“你不要以为这有什么了不起。”让他脚踏实地了解他在干什么。他就会好好去学一些技术，不要那么浮躁，不要光靠嘴巴说了就算了，要真的去做。尤其是高中男女分校的。他从来没有看过女孩子，走进大学的班级，发现班上有女生，他就开始去交女朋友，什么都没有心思做了。据统计，在大学里面交男女朋友的，能够顺利结婚的非常少。能维持长久的，更是不多。但是这个时候，他有这种冲劲儿，他有这种幻想，父母又不能制止他。

所以父母就要告诉他：人迟早是要结婚的，结婚不是件了不起的事情；人迟早是要追求男女朋友的，那也不是什么了不起的事情。但是你要对结婚、对婚姻有个认识。如果你去问他："你们学校有没有开婚姻课程呢？"他就觉得可笑。学校怎么可能会开婚姻课程呢？你看学校就没有开过婚姻课程。婚姻是人生大事，为什么学校不开这个课程呢？老师也不谈，课程里也没有。所以做父母的要告诉他，婚姻是人生大事，要慎重。而且婚姻是有条件的，绝不是没有条件的。因为大学生所理解的婚姻，没有条件，爱情至上。什么是爱情至上？就是恋爱是恋爱，婚姻是婚姻，后面的问题都没有办法处理。其实我们要告诉他：你要想清楚可不可能和对方结婚，你可能和对方结婚，才能和对方谈恋爱；你不可能和对方结婚，就不要和对方谈恋爱。就这么一个简单的原则。

我非常高兴我曾经在美国看到的一件事情。我看到街上有一个很大的招牌叫作"NO SEX"，就是拒绝性关系。下面是"We are teenagers"（我们是十几岁的人），你很难想象这样的广告会在美国出现，因为美国是性很开放的一个国家。但现在他们觉悟了，"NO SEX"，没有性关系。性，不能说乱。下面一句话，"We are teenagers"（我们是十几岁的人），"贞操"的观念又开始维护了，我们要了解时代是在轮流转的，一直不停地在转，不要以为这是老古董。只不过我们古代的贞操只要求女性，这是不公平的。现代化的贞操是对男女一起要求的，那有什么不公平？

所以这个时候你要告诉小孩，他要跟女同学出去玩，可以，但是要保持一定的距离。他如果超过了那个距离，他要负一切责任，你不能管，因为这算是他搞出来的，跟你没有关系。你就跟他讲清楚。等到发现再说，他的女朋友肚子大了，爸爸很生气有什么用？最后只能允许他们结婚，然后很快他们又分开了。这样的事情我们看得太多了，凡是因为怀孕不得已要结婚的，一结婚就吵架"都是你的错""你搞什么"，这种婚姻关系能维持多久？**所以我们要把婚姻跟爱情当作一个人人生中重要的课题**。但是大学没有教，很奇怪。大学只会教性教育，这才是关键，怎么一下子教到性教育去了？搞得年轻人都是性学专家，但是没有一个人懂得什么叫婚姻，没有一个人知道怎么处理爱情。

我们也要告诉他，他大学毕业要做什么，现在就要想啊，不要到时候再说。他如果要去深造，那他现在就要做准备；他如果要先去就业，现在也要有一个考虑。他可以先赚钱，然后再去修学位；他也可以一直修学位，将来再出去赚钱。他也可以说："我到此为止了，我不再读了，大学毕业后，我就要做我的事了。"实际上这都是可行的，有利有弊，没有绝对的好处，也不必急着要你的小孩一定要怎么样。

如果是要读研究生院，就更麻烦，问他是到国外去，还是留在国内。但是现在多数人都很盲目，我也有很多有钱的朋友，他们一窝蜂都想转到国外去，因为没有钱的人不可能会考虑把小孩送到国外去，就是因为有钱，所以就开始有花样。有的父母就把小孩送出去了。现在没有一个不后悔的，因为你没有办法和他沟通，你讲的话他不听，他讲的话你听不懂。他说在美国就是这样。那你有什么办法呢？

一个人读到大三，你应该问他，他这辈子最后的目标是什么？总要看一看吧，如果一个孩子决定要在大学里面教书，那很单纯，一路读书拿到博士学位为止。因为他没有博士学位，他凭什么在大学里教书？所以他人生最后的目标是什么很重要，就好像他要出发，他总要知道最后的目的地是哪里，这样才能安排到底是坐飞机、坐汽车还是做火车，他才能提前安排好行程。如果是走到哪里算哪里，这样算大学生吗？所以我们按照目标，做好远程的规划，做好短程的规划，配合家庭的背景，配合个人的专长，再加上他的理想，他就可以对人生有一个完整、具体、可行的安排，那他就不会乱。你看多少大学生出来，就是整天骂人，嫌社会不够理想，这个不对那个不对，然后说他受委屈。天底下没有一个不受委屈的人。你是自己安慰自己，因为你没有做好完整的规划，你当然会受委屈。说人才被压抑，那是不可能的事情，真正的人才谁也压不住。所以**读大学很值得恭喜，但同时大学它不是暴风雨，最起码是风浪期，一不小心它就会翻**

船，你看有的人读到大三被退学，你怎么办？我看过兄弟两个人，哥哥先进大学，结果弟弟大学毕业了，哥哥还待在那里。不是说进了大学就能顺利毕业，就算是顺利毕业，也不一定管用。所以还是要趁这个机会，对一些重点的事进行辅导比较好。

成年教育（上）

子女成年后，要告知这条让他们更受益的人生规律

什么叫作成年？就是他要为自己的所作所为负起全部的责任。他可以结婚，可以生小孩，可以独立，可以出外谋生，他已经有足够的条件和准备，这个时候我们就要告诉他，**人生只有一条规律，四个字“自作自受”，谁都不能例外**。老实讲一个人迟早要面对这个规律，如果一直不了解人生是自作自受，他就不够成熟。父母要告诉子女，自己的所作所为自己要负起全部的责任，你想跑也跑不掉，你推给别人只是形式，怪别人只不过是安慰自己，都没有实际的功效。但是，我们是以家庭为单位，跟西方国家以个人为单位不一样，以个人为单位是指这一个人自作自受，以家庭为单位是指有连带责任，一家人自作自受，这个比较麻烦。

所以，我们告诉大家，如果你是外国人，你现在成年了，你要负自己的法律责任，他不会找你的父母。但是在中国不一样，在中国就算你40岁、50岁、60岁，你犯了很大的错误，人家还是会笑你的爸爸，他跑不掉。中国是以家庭为单位，不像西方国家以个人为单位的，至于你要认为你是以个人为单位，你跟家里没关系，我们也尊重你，但是希望你了解这种实际的状况，就好了。我们自作自受，其实就是因果关系，有什么果前面一定有什么因，有什么因后面一定有什么果。**一个人在有生之年就开始自作自受，这是最短期间的现世报，没有上辈子下辈子那么远**。所以作为一个人，如果真的已经成年，你不能怨天也不能尤人，不能一天到晚怪老

天爷不公平，怪老天爷没有眼，或是一天到晚怪别人害你，不可以的。因为那都是假的，老天从来不做什么事，你怪他干什么？很多时候别人害不了我们，是我们听他们的话才被害死的，**如果你不满意，可以，那你就从现在开始调整，任何事情永远不嫌晚、永远不嫌迟**。

我70岁以前不会游泳，我是到70岁的时候才开始会游泳的，我到游泳池的时候，觉得很不好意思，七老八十了还来这一套，所以我刚开始就跟旁边人讲“哎呀我这太老了”，但是每个人都跟我讲“你不老”，给我很大的激励。什么事情会嫌老？什么事情会嫌晚？没有，你随时都可以开始，所以不要认为时间已经拖这么久了，恐怕没有办法，那是借口，不是真的，你不满意你现在就开始，你不满意你就告诉小孩你这辈子没有做好，不是要他继承你，而是你提供他做参考，至于他要不要做是他的事，你尊重他，这样就对了。

老实讲各种亲子关系都是有因缘的。什么叫因缘？因缘就是各种机会、各种关系，最后由各种成果加起来就叫因缘。

老实讲各种亲子关系都是有因缘的。什么叫因缘？因缘就是各种机会、各种关系，最后由各种成果加起来就叫因缘。家庭教育是世界上最难的事情，为什么？因为它不是人力所能完全掌控的。你看有的小孩生下来很可爱，你教他，他很快就会了，全家人都非常喜欢他，连外面的人都想看他，偏偏他3岁半就去世了，你能掌控吗？那个天天令你生气的小孩他越来越壮，你最喜欢的小孩他偏偏就死了，这是因缘。“再可爱的东西你也是保不住的”，它就是传达这个信息而已。你如果只知道你的小孩去世了，那你是没有得到任何的东西的。他牺牲了一个宝贵的生命，来传达这个信息，你竟然没有接收到，那不是很冤枉吗？

孔子最喜欢的学生叫颜回，有一次孔子和颜回约好，结果孔子到了很久，颜回才来，孔子有点儿不高兴，问颜回：“怎么这么久才来？我以为你死了。”这是讲气话，颜回怎么回答？颜回说：“老师还在，我怎么敢死？”刚刚讲完没多久他就死了。为什么颜回比孔子早死？就是颜回这辈子只为传达一个信息：就算是老师最喜欢的学生也可能会早死。这样他就完成任务了。可是你什么都不懂，只知道颜回死了那是你的错，我们每一个人这辈子来只是为完成一些小使命，为传达一些零碎的信息而已，没有什么了不起。

有的人一直病一直病但是很长寿，他就在传达一个信息——病久了，说不定活得很长。其他事情都无关重要，传达信息就是他的使命。有人说，“你看我这辈子，尽管设施很齐全，但是我却一事无成”，所以你也不要怪那些人一辈子一事无成，他也是很了不起的，他在传达——什么都给他了，他就是不能做事。所以你能做事你就应该好好做，如果你可以随时随地吸取宝贵的教训，你会觉得每个人都很可爱，很有价值，否则所有的人都没有价值，那是你的问题不是他的问题。

> 如果你可以随时随地吸取宝贵的教训，你会觉得每个人都很可爱，很有价值，否则所有的人都没有价值，那是你的问题不是他的问题。

我们常常说有缘千里来相会，你看朋友再远，回来看你就是有缘，你看世界上那么多人，可是你来往的就是这些人，你还说这不是缘分？但是有缘才会成为一家人，到底是什么缘？谁也不知道。

我们一说到业，大家就会想到宗教，其实业和宗教有什么关系？学校就是学业，公司就是业绩，到处都在讲业，为什么说只有宗教才会讲业？我想问你，业是什么？什么叫业？行为就叫业，你一举手就有一个业出来，你一站起来就有一个业出来，你一开口就有一个业出来，业是每个人要做的事情，这些业就会构成你的缘。你看，为什么他哪一家都不去，偏来做你的儿子？为什么会是女儿？你要去想一下。可能他本来要做儿子，但是一到母亲肚子里发现了爸爸的染色体不对，他就要赶快变成女儿，怎么不可能？因为生男生女和妈妈没有关系，有些人一直怪妈妈怎么不会生儿子，我觉得很冤枉，这些人就是完全没有科学知识的，生男生女是爸爸的染色体在做决定，跟妈妈没有关系，妈妈的两条染色体都是一样的，只有爸爸的两条染色体不一样，你选了和爸爸妈妈一样的染色体就是女性，你选择和爸爸妈妈不同染色体就是男性，这不是因缘是什么？所以为什么有些女人看起来就像男的，就是她本来投胎做男的，但是染色体变了，没有什么神秘的，我们不懂才觉得好像很迷信。

你看同样是怀胎，有的人很好地过日子，有的人很难地过日子，这就是缘分的不一样，我常常劝怀孕的女人："你的小孩如果在你的肚子里面跟你过不去，你应该很高兴才对。"她说，为什么？我说："这就表示他跟你只有小恩小怨，没有大恩大怨，这样一来就对抵了，将来生出来会很好养、很好教。他如果在里面很安逸，这就不是那么容易解决的，所以他出来你就够受了，很有可能。"因此，我们只能尽心尽力去教育自己的子女，成果怎么样你都要欣然接受。你已经尽心了，教出的小孩就是这样，那没有办法，因为不是你所能掌控的。你看孔子了不起，但是他3000个子弟中，全心全意教出来的也不过几十个，其他不见了。这都是事实。

子女成年以后，你要放开你的心胸，你要包容他，同时他也在包容你，老实讲很多年轻人也是受了家庭的拖累，不是没有的。而且子女长大以后他个人有个人的兴趣，个人有个人的志向，因为他这辈子要做什么事情都是自己决定，不是你决定的，所以我们要互相尊重、互相包容，大家就很和谐，但是我们有一个共同的责任，就是共同把祖先发扬光大，这是我们共同的目标。我们常常说，不要让家风坏掉，就是这个道理，为什么？我们辛辛苦苦是为什么？老实讲姓曾的血统很纯正，为什么？因为我们历代祖先没有一个人当过皇帝，血统就单纯，如果你的祖先当过皇帝，你们的血统就不是很单

我们要互相尊重、互相包容，大家就很和谐，但是我们有一个共同的责任，就是共同把祖先发扬光大，这是我们共同的目标。

纯，因为皇帝随时可以叫别人换成跟他同姓。所以凡是祖先皇帝越多的，他们姓的血统就越乱。姓曾的可以说很倒霉，没有一个人当皇帝，但是也可以说很高兴，没有一个当皇帝，因为血统比较纯正，我们最多做到曾侯。姓曾的如果不反省自己，好像不配姓曾一样，那我们姓曾的只好常常反省自己，什么事情都检讨，规规矩矩，有什么办法，谁叫我姓曾？这样对我们的教养非常有帮助。老实讲一个家是起起浮浮的。有时候轮到姓刘的光彩，有时候轮到姓王的光彩，风水轮流转是很好的事情，下一代可以修正上一代。所以，我们只要往好处去改善，这不叫反叛。**把好的一面继续发扬出来，坏的一面慢慢就会消失，然后将好的一面发扬光大**。但是亲子之间最起码不可以自相残杀，历史上最残忍的就是父子为了争权而相杀，你看武则天把她儿子统统杀掉，就是为了自己的权力欲望，家人为了争权夺利而互相残杀是极端残酷、极端不人道的事情，绝对要警惕，永远不能再犯，这样就不会有什么亲者痛而仇者快的状况。一家人永远是一家人，一家人毕竟是一家人，没有什么事情是不好商量的，千万千万要把这个教训一代一代传下去。

> 一家人永远是一家人，一家人毕竟是一家人，没有什么事情是不好商量的，千万千万要把这个教训一代一代传下去。

成年教育（下）

子女成年后，要告诉他们做人最重要的是什么

小孩子成年以后，父母总要找点儿时间跟他聊聊天，顺便告诉他做人最要紧的是要做出人的味道来，你看很多人一辈子下来人的味道越来越没有，最后就变成了八个字："语言乏味"，你跟他讲话一点兴趣都没有；"面目可憎"，看到他就好像很不舒服的样子。大多数人到最后都变成"面目可憎、语言乏味"的人，这种人赚再多的钱又有什么用？再有成就又怎么样？

做人最在乎的就是人的味道，现在信息社会人的味道越来越淡薄，所以我们常常觉得，到底人是往哪里走？我们一代又一代是往哪个方向迈进？这个是非常重要的，我们不因为彼此的成就不同就说这个看得起、那个看不起，但是实际上很多父母，只要子女有成就就把他们当大人物一样，搞不清楚谁是父亲、谁是儿子，如果那个儿子没有成就，父亲就会给他难堪，当着众人的面数落他，好像不把他当人一样，太势利眼了吧？但是我们实际上看，过去差不多都是这样子。那子女方面是怎么样的？做了大官回来的孩子就开始要父母替他做事，父母就像他的用人一样，出去生怕父母跟他去，丢他的脸，被人家看到也不敢介绍，尤其大家在电视上看到的画面那就更糟，一个孩子得到一个奖就开始谢谢这个谢谢那个，从来就没有谢谢父母，这是最坏的示范，但是老师有没有在教导学生时说这个不好？这个不对？有没有？没有。你可以感谢世界上所有的人，就是不感

谢父母，没有父母，这些人有什么用？

所以，为什么中国人一开始就谢天谢地，然后就感谢父母？因为我们很重视根本。现在没有，谢谢台上台下的人，好像在开玩笑一样，你把其他人当作什么？但是我们现在传播的就是这种乱象。**一个人，时时刻刻要注意人家会受到我们坏的影响，这个才是有良心的人**。一家人共欢乐不是很重要，共患难比较重要。因为共欢乐很容易，可是共患难很难。人之所以可贵就是共患难才会见真情，你看有喜事全都来了，做丧事谁也不来，这对吗？我常常劝很多人喜事不一定要参加，但是丧事一定要到，这样就好了。可是，人家办丧事你去是要帮忙的，不是增加人家负担的。现在有些人是一家大小在那里吃吃喝喝，在那里开玩笑，那是趁火打劫，哪里是帮助人家？一家人实实在在替对方想，不要增加对方的麻烦才叫亲情，这才是家庭教育真正的效果。可是我最常看到的就是办丧事的人已经够忙了，所有亲戚朋友还去乱成一团，增加丧家的负担，这是对的吗？所以有些事情我们真的要好好想一想，人的味道是什么？这非常重要，当然我们也很鼓励独立特行的人，但是独立特行的人最好要低调进行，因为那毕竟不是平均数。比如我是个残疾人，我今天成功了，要知道这是几千个人里面才有我这么一个，如果我到处去宣扬，好像大家都应该残废才可以像我这样有成就一样，这不是很奇怪吗？**凡是不是在平均数里面的都是特例，不要把它当作通俗的教材到处去宣扬，这样才对**。以前搞同性恋的为少数一些人，他们很低调，因为毕竟不要把它形成风气。可是现在，同性恋要走上街头、要宣扬，好像全世界都应该搞同性恋一样，那不糟糕了？你看现在人多可怜，以前我们小的时候，男的和男的拉在一起没有人会说话，女的和女的拉在一起也没有人说话，现在男的和男的一拉手就被认为是同性恋，女的和女的一拉手就被说成是搞“爱情”，完了。我们被逼得自己无路可走，所以不要把特例拿来当通案，如果都是要把特例拿到四处去传

一家人实实在在替对方想，不要增加对方的麻烦才叫亲情，这才是家庭教育真正的效果。

播、到处去宣扬，好像这样才是正常的，其实是笑话。

> 过分引起大家的注意都是不对的。少数人我们应该包容他、应该尊重他，而不是把他当作通常人都应该做的。

过分引起大家的注意都是不对的。少数人我们应该包容他、应该尊重他，而不是把他当作通常人都应该做的。你低调，别人很容易接受你，没必要让大家跟你一样。

我没有看不起残疾，很多人残而不废，是很值得我们去敬重的，但是这毕竟不是常态，把它搞成常态，对人类有什么好处？那将来我们一生下来就把手劈掉了，有这样的必要吗？你在有限的条件之下，还可以创造新的事物，这是你个人的事情，没有必要把它当作好像很了不起的特案宣扬。如果你在家里面说你跟人家不一样，让全家人都重视你，我觉得这个是不对的，此时全家人就应该共同制止你才对。

所以，我们今天慢慢会得出一个规律来，现在我们是乱掉了，我们常常讲人生就是被这种错乱的事情搞得晕头转向，不知道怎么走。我们任何事情有通案、有特例，特立独行是一种特例，不是通案。有的人一天到晚就是要争，你可以去争，但是不要搞得全民都在争，全民都在争大家就没有办法生活了，这样就对了。人的味道就是有这样、也有那样，但是在这样多元化社会当中，对于通例我们要尊重，而不能说你从外国回来，就把那套弄回来，需要大家要跟你一样才对，这样不对，谁跟你一样？最可笑的就是说外国人背包，你也开始背背包，白天背晚上也背，这是虐待自己。

比如我在美国背包，但是我回来就不背了，我老背那个背包干什么？之所以背那个背包，是告诉人家我是去过美国的，这就表示你很虚伪，有这个必要吗？能够跟大家一样的尽量跟大家一样，不要标榜不一样，不得已跟人家不一样的也要低调，表示自己是不得已的，这样就是会尊重别人，就是很有人的味道的人。

我讲一个案例，有一次我们几个人一起吃饭，我旁边那个人根本就是吃素的，可是那一天整桌都是荤的，但是他照样拿起筷子，照样东夹西夹，好像会吃很多一样，大家没有发现他没吃，我在他旁边，看到他只是动动筷子没有吃，我会不会讲？我也不会讲，因为我要尊重他，但是我会做一件事情，我跑去和厨房的人讲："我们那一桌有一位是吃素的，煮一碗素面好不好？"厨房的人说没有问题，然后厨房的人把素面端给他，他讲"不用了，我可以和大家吃一样的"。这个人多有人的味道！做人，要有人的味道，成年人就是开始懂得什么叫作人的味道，不可以标榜自己是不一样的，你有什么了不起？这样就对了。

要以平常心做平常人，然后从平常当中去表现你的了不起，这才是真正的了不起。所以我们有一句话要记住：从平凡中变伟大，才是真正的伟大。一出来就显得跟人家不一样，那不是伟大，而是搞花样，但是我们现在时代到底是怎么样的，我希望大家花点儿时间去想一下，成年子女都是我们教导出来的，他们的一切我们多少是有点儿责任的，所以我们要跟大家探讨一下，你们认为是一代比一代进步，还是一代比一代退步？

第十二章　为什么只有中国人最重视三代同堂

男女各自发挥所长，互相弥补不足，才是家庭。所以要把儿子培养成有男子气概的男孩子，要把女儿培养成很有气质的女孩子，这才叫家庭教育。

社会教育

守分是最好的习惯，每个阶段的分不一样

是不是我们的子女长大成人以后，我们的家教就告一段落，做父母的就不需要再操心了呢？好像不是这个样子。西方国家的家庭，好像是有限公司，它是有限责任的。而我们中国的家庭，似乎是一种无限公司，我们的责任是一辈子都没有办法说告一段落的。所以在这种情况下，**一家人永远是一家人，父母只要活着，永远是父母**。甚至死后都会跟子女在一起。在这种情况下，做父母的还是要不断地协助自己的子女接受各种挑战。

实际上小孩子到了社会上，他又经历了第三个阶段叫作社会教育。他一定会接受各式各样的挑战，我们一句话讲完了，他就是从这些挑战当中来成长、来学习。所以不要怕他，好像受苦，也不用怕。

实际上我们从学校出来，然后到了社会上，有很多事情我们从来没有做过，真的也不知道怎么做。这时候我们最希望的是父母能够指导一下。拿我自己举例就好了。

我二十几岁大学毕业，我到学校去教书，然后校长看得起我，请我当主任。我第一次当主任，公文不会看、也不会批，因为学校也没有教我怎么看公文，我根本就不会。可是不会我也不能不做，我只好硬着头皮去做。幸好我有个习惯，就是回家会跟我父亲讲，所以我第一个公文批完以后，我回家说我今天批了个公文，我是怎么批的。我爸爸说这样好吗？你

看我爸爸没有骂我，他只说这样好吗。我说有什么不对？他说："这个不是你当主任应该写的，这个是校长这样写还差不多，你当主任的怎么可以用这种语气呢？"我说："糟糕，那怎么办呢？"他说："你自己想想怎么办。"我说："这样好不好？我明天早一点去把公文找出来，赶快改一改，你觉得怎么样？"我爸爸说："可以，你就去做就好了。"

我当天晚上想了好久，我到底要怎么改？第二天一大早，我去的时候，那个工友连门都还没有开，我就躲在旁边。他把门一打开我二话不说，进去赶快把公文找出来，改好了才放心。

其实我们都是没有经验的，我们很多事情都是生平第一次，我们也不是神仙，怎么能一做就对呢？这不太可能。但是没有关系。我们做完了，要检讨，做完了回来跟自己的父母谈一谈，看看他们的经验，到底是怎么样的。不对的我们赶快去补救，这样你的印象会非常深刻。你就可以不断地学习，不断地长进。

因此，我们用不着客气，子女更不应该看不起父母。你多向父母请教就是你心中有那个孝顺的心，那叫孝心。你不一定要买东西才叫孝顺，你常常把你自己的事情拿来请教你的父母也是一种孝顺。我这样做对不对？妥当不妥当？这也是一种孝顺。那做父母的才有机会，把他的经验给你做参考。你就能在无形中得到很多的东西。

那我们呢？也有些一般性的东西，可以常常拿出来沟通沟通。我们要常常提醒我们成年的子女，告诉他不管处在什么阶段，最好是做什么都要守分，守分是一辈子的好习惯。做大官要守分，做小市民也要守分；有钱要守分，没钱还要守分；到国外其实也要守分。**什么叫守分？守分就是约束自己的言行，就叫守分**。不要自我膨胀，现在的人都自我膨胀。

守分是一辈子的好习惯，做大官要守分，做小市民也要守分；有钱要守分，没钱还要守分；到国外其实也要守分。

但是要注意，每个时期有它不同的分。当基层员工有基层员工的分，当基层主管有基层主管的分，当中层干部有中层干部的分。真正到了高阶层主管，有那个高阶层主管的分，这个分不一样。但是都要守分。所以每一个人，都要小心翼翼的，随时去调整自己。我们做父母的看到子女升官，固然很高兴，但要告诉他，现在责任更重了，大家更注意他，他要小心。

我就看到过一个小孩子，当然他已经三十几岁了。在我们眼中是小孩子，但实际上已经算是成年人。他突然间当了主管，我就看到他父母，一方面很高兴，一方面就提醒他，告诉他现在更要小心了。以前犯的错不算错，现在错就算错。因为以前他官小，他偶尔讲错话、偶尔做错事情，人家不会计较，因为计较没有用。现在不同了，现在做同样的事情、讲同样的话，人家就会把他抓住，就会给他大做文章，最后他是吃不消的，他就懂了。他说知道知道。然后他父母还耐心告诉他："你以前碰到什么事情，你是怎么解决的？你要想一想，现在要怎么解决，你做个比较，做个分析。"你看这对小孩来讲多受用。

我们事先提醒他，而不要事后去责骂他，这个原则始终不能变。小孩也是这样，大人还是这样。我们要告诉他，他现在很有福气，但是要守分，这才是惜福的表现。什么叫守分？守分一方面是谨言慎行，约束自己的言行；一方面就是惜福，有福气不要随便浪费掉。你小时候惜福，长大还惜福，你的福分就越来越大，等你必要享的时候你才去享，不要享的时候你再去造福，福气大永远是好的。他就懂了。他就不会一下子好像忘记了自己是谁，人最怕的就是忘记自己是谁。你看很多人一向都很平稳的，突然间忘记自己是谁，就搞得翻天覆地，最后自己倒霉。但是自己倒霉事小，父母一家人跟着他受累，跟着他受人家指责，那才糟糕。

> 什么叫守分？守分一方面是谨言慎行，约束自己的言行；一方面就是惜福，有福气不要随便浪费掉。

还有勤劳、节俭是一生受用无穷的，哪里有长大成人就不要了的说法？我们从小的时候，就让孩子分担家事，那就是为了让他养成勤劳的习惯，而且是让他自动自发的。长大了以后，他的事务要自己承担，那更是理所当然。我们特别提醒，女儿的内衣裤一定要她自己洗。我们现在没有，女儿的内衣裤混在一起，甚至送到外面去洗，万一染上了什么疾病，那不是笑话吗？所以做妈妈的，不是说女儿跟儿子一模一样，才叫作平等，不是。女孩子有女孩子特别要注意的，男孩子有男孩子特别要注意的，这样才对。现在没有了。现在都叫什么中性，没有性别。哪里有没有性别的？对不对？男孩子的内衣裤，再怎么洗，就算偶尔怎么样，也比较不会怎么样。女孩子的内衣裤找谁给她洗都是不对的，让她自己洗，她才会提高警觉，她一生就会爱护自己，那就好了。**节俭、慎用、不奢侈、不浪费，这都是好习惯**。

但是小孩有时候会忘记，他会认为自己现在成年了，他自己赚的钱，自己存、自己花，他还怕什么？不对。钱怎么来是一回事，节俭、慎用、不奢侈、不浪费，永远是正确的。

哪怕你今天已经是富翁了，哪怕你认为你赚的钱好几辈子用不完，你也不可以奢侈，不可以浪费。

最近有人讲，自己赚了钱享受一下不可以吗？1000万元用掉3万元又怎么样呢？不可以就是不可以，为什么？因为你会带坏社会风气，会扭曲社会价值，会影响很多人的言行。有没有考虑到这一点？一个人的所作所为，尤其现在电视媒体很喜欢报道这些乱七八糟的东西，就好像做人就应该这样，就好像现在的风气就应该这样。这个罪过谁来承担？

所以最近有很多人在讲，自己赚的钱，爱怎么花谁管得了？我们不认为这样。除非你有本事做到电视不转播，做到报纸不报道，你能控制得了吗？就算能的话，你看当场跟你一起用餐的人，马上就知道，在旁边有很多人，他们会传播。一传出去又完了。所以为什么说，好事不出门，坏事传千里？就是我们人最喜欢传这些很特别的事情，然后你就倒霉了，你就要承担那个罪过。

我们要告诉小孩子，三代同堂其主要目的是互相帮助。我们可以看到全世界都是三代同堂，但是又不一样。只有我们中国人，最重视三代同堂，为什么？因为我们的生活最合乎自然的法则。其实西方国家很多是人为的制度，而我们呢，很多事情都是顺其自然的，既然大家都活着，干吗把它分开呢？但是我们告诉小孩，形式不重要，有没有住在一起，也没有关系。像我们家，虽然是三代同堂，但是我们的同堂是全世界同堂，有的在美国，在美国有什么关系？像我的小孩在美国，我的孙子在美国，但是每一个星期六，他会定时地打电话过来。我们也知道他要讲话了，然后一讲就把他这个星期的所有事情都讲完，那不是等于三代同堂一样吗？只要你有心，没有一样是障碍。否则的话，就算同住在一个房子里面，也是大家很客套，很虚伪，很搞形式。然后我不相信你，你不相信我，那算什么三代同堂？精神比较重要，形式并不重要。**我们要的是互相帮助，要的是彼此辅导**。老实讲小孩长大以后，他也是成年人，他说不定有时候给老爸一些好意见，老爸也很受用，没有不好的。

> 只要你有心，没有一样是障碍。否则的话，就算同住在一个房子里面，也是大家很客套、很虚伪、很搞形式。

就算大家不住在一起，也要常往来，就算不能常往来，也要多用电话联系，但是最要紧的，就是共同以祖父做精神领导。你看我们中国人三代就是以祖父为主。我现在当祖父，我来讲这个话，有点不好意思。其实没有什么，不是讲大家而是讲我自己。我的小孩子要不要拿我做精神领导那是他们的事，我管不了。这个精神领导不是说自己爱做就爱做了，不是的。你以前有没有尽到责任？你以前没有尽到责任，人家凭什么把你当精神领导？那你尽了责任，你也不必躲避。我的儿子教他的儿子时要不要说，这是祖父的话，那是他的事，他不讲，我怎么骂他都没有用。我讲的都是事实，如果他什么事情都说你祖父怎么样，那我也躲不掉的。

所以我们三代同堂是从祖父算起的，因为什么？因为到了第四代以后，祖父差不多就过世了，过世以后他的儿子就变成祖父了，人难得有机会，这是很公平的。又不是说一直都是某一个人当祖父，没有。祖父是轮流当的，不是一个人当到几千年、几万年，不用急。

但是我们一再说，你有什么事情的时候，你说“我要怎么样，我要怎么样”，这是一对一，冲突性比较高一些。像我跟我小孩讲，我多半讲他祖父怎么样，他祖父怎么样。这样大家有一个缓冲。他也比较容易下得了台；我也比较容易借力使力，力道强一点，如此而已。没有什么权威不权威的，不要把它看成权威性，他听你的话，你就很权威吗？也不一定。

父母责任

创造正常且充满亲情的家庭氛围

亲友有不同的教养意见，我们要彼此尊重。做父母的这样讲，做祖父母的不一定这样讲，因为每个人都有不同意见，那你怎么办？你如果讲，他们老一代人已经落伍了，那你是出卖父母。你为了教好孩子，结果出卖了孩子的祖父母，那你是得不偿失，好不容易建立起来的三代同堂的精神，被你几句话就毁掉了。同时，你还有很多亲友，亲友对这件事情的看法也不一样。其实很简单，你的小孩有机会听到各式各样的言论，对他是有帮助的，因为他听多了以后，慢慢就会养成多种选择的习惯。他就不会一听到就相信，或者一听到就不相信，他不会。而且我们做人要有人的味道，面对不同的意见，不必当面去解说，不必。不要说他这样不对，干吗呢？那怎么办？我们私底下跟小孩讲就好，说“阿姨会这样讲，是有道理的，只不过在这种状况下，她没有顾虑到，如果她了解我们这种状况她就不会这样讲，所以你也不要怪她”，这样就对了。本来她也有道理，怎么会没有道理？

> 在我们这种相对的世界里面，什么事情都有道理，哪里没有道理？没有一句话没有道理，但是也不是全部的话都有道理，都有缺陷。

老实讲，在我们这种相对的世界里面，什么事情都有道理，哪里没有道理？没有一句话没有道理，但是也不是全部的话都有道理，都有缺陷。有局限性、缺陷是不可避免的。这会使得子女更了解什么叫多元化，他听来听去，自己心里会有个数。这个人就慢慢成熟了。父母不要批评自己的长辈，不要批评自己的亲友，这是以身作则，但是你不批评可以给他做比较，他做比较也没有批评。所以每个人都对，只是他在这方面对，你在那方面对，那你要怎么做，你自己选择。这是非常正确的态度。

我们要了解，人有生就有心，有生理就有心理。那到底是身体健康精神才会好，还是精神好身体才会健康，我不晓得。这就是鸡生蛋还是蛋生鸡的关系。所以我们觉得，子女不管是男的还是女的，都一样，身心健康最要紧。他的身体不错，要看看他心理有没有配合好；他的精神很好，要看看他的体力会不会消耗太多，这才是我们要做的。

其实，我们常常把小孩看成天才，可是呢，我们经常埋没天才，经常浪费天才。我们应该注意我们有没有埋没他的潜力，有没有浪费他的天分，而不是一天到晚说他是不是天才。我们埋没天才，我们浪费天分，对社会都是很重大的损失，至于小孩是不是天才，要由别人来看，父母不要去谈论这件事情。我们要的是一个很正常，而且充满亲情的家庭。

父母最要紧的是不要有势利眼，不要有偏见，不要搞得小孩子把家里当成菜市场、做买卖一样，那就不叫家庭了，那就不够温暖了。子女身心健康，你就不用操心，身心有什么地方不对，你就要去调整，这才是根本。其他都是枝枝节节的事情。孩子考试有时候考得好，有时候考得不好又怎么样呢？我再问你，你小孩考得不好了你会怎么样？有人跟我讲，根本不在乎，那不在乎算什么父母呢？有人说会去骂孩子，那你骂他算什么父母呢？小孩不把成绩给你看，你反而要问他，最近有没有考试？为什么连成绩都舍不得给你看呢？小孩把成绩给你看时你不能一直跟人家讲话，看都不看就把他成绩单丢掉。那他心里有什么感想？好像他的事情你都不在乎，那他就不用功好了，会有这种情况，不是不会。

你过分重视也不对；你过分不重视还是不对。小孩给你看成绩单，如果你正在忙，你说“好好好，留在这里，我这几分钟就做完了，我马上看”。凡事都有个交代，如果说今天实在忙不过来，他明天再给你也可以。如果有时间你就看一看，就问他，这次是比上次进步还是退步？看他怎么讲，他说“比上次退步”，问他为什么退步呢，他说“最近比较忙，所以没有去准备”，你说“那没有关系，没有关系，过两天不忙，你再把这些温习一下，下次考好就好了”。如果他说：“我不想读这个书。”你就问他，为什么呢？然后他讲很多理由，你慢慢从当中知道，你不要说他这样错，你要说“你会有这种感觉，其实我也不会怪你”。他就比较轻松。你还可以跟他说“但是你如果这样下去的话，将来受害的还是你自己”。他慢慢就听懂了。然后你告诉他要怎么办，就是说一场考试考不好没关系，下次考好就好了，下次再考不好也没关系，总有一次考好就好了，你急什么？这样他不会接受才怪。

天才我们埋没不了，也浪费不掉，只要你用心调整，就好了。不要天天疑神疑鬼的，天天小题大做。还弄得全家人紧张兮兮的，那个是没有意思的。小孩做错了，不能放过他，但是不要给他难堪，就这么简单。

我们给各位一个建议，小孩自己做得很好的，要鼓励他，说他这个做得不错。如果他年纪更大一点就说：“想不到你现在就能这样处理，我知道你以后还会做的很好。”小孩如果不能够自律，没有办法表现得好，我们怎么办？我们就要点他，给他一些指导。如果他听了，很好。如果他听不懂，那我们就辅导他、指导他。指导是讲重点，辅导是帮助他走进门去，如果还不行，那我们就开始训导，训导就是要讲得严厉一点，“你再这样下去是不得了的，有一天会出娄子的。”训，比较严重。训还没有用，那没办法，只有用罚的，不罚怎么办？所以一步一步来。由宽而严，宽而有效就好了，不然就这样严一点，严一点还没效就再严，你总不能放弃责任，这个怎么样要看你自己如何去拿捏。训就有用的，那你何必罚他呢？教导就有用的，你何必训他呢？他本来就做得很好了，你何必还要教东教西，引起他的反感呢？这样就对了。

最要紧的就是，做父母的要常常跟子女有接触，常常了解他真实的一面，你才有办法跟他互动。若没有经常接触，父母只忙自己的事情，回来也搞不清楚，然后一看就发表意见，这个拿来对外面都不行，不要说对里面自己人。子女自己会动脑筋，他自己也会判断，父母到底是怎么一回事情，尤其很多做爸爸的，因为外面太忙，难得回来一次，就为了表示他对子女很关心，七做八错，七说八错，那你不是自护其短？你不是自己出洋相？

作为爸爸，你最近实在很忙。你回来以后，该怎么说？很简单，不管是吃饭的时间，还是任何时间，你先问问妈妈，最近情况怎么样？你先了解一下，你急什么？然后把小孩也找来，问他最近怎么样，你把所有情况都弄清楚，你要怎么样处理再说。如果不分青红皂白，也搞不清楚情况，就是为了表现出“我是家长，我是家里一分子，我对大家很关心”，乱说一通，之后就搞得乱七八糟。

任何事情，平常心对待，都不会犯太大的错误。为了某一种局部的原因，而走很偏颇的路子，终究不是办法。我们对子女也是一样，要告诉他接受挑战是有利的，不是有害的。没有人来挑战就表示他根本不是人家的目标，人家不把他放在眼里，那他反而要检讨“怎么大家都不注意我呢？怎么没有人打击我呢？怎么别人都不打我的小报告了呢？”这样的人就会长进。人如果受打击，他应该想：怎么搞的，被人家打击？你看，受打击也分两方面想，不受打击也分两方面想，这个人思虑就比较周到。然后你再从这当中，去找出一条出路，你就知道自己这个时候该怎么做，你时时刻刻都很合理，你的人生就是很平淡，不会有太大的坎坷。如果这样还有坎坷，那就要更加小心，一定还有什么地方是你还做不到的，常常怪自己，你是有前途的，你是很有福气的，一切都怪别人，那就算了。

一个不肯为自己负责任的人，是没有什么好的前途的。我相信各位都是过来人，但是要把这个宝贵的经验，传授给下一代，这才是父母的责任。

一个不肯为自己负责任的人，是没有什么好的前途的。我相信各位都是过来人，但是要把这个宝贵的经验，传授给下一代，这才是父母的责任。

权威教育

教育完全没有权威性，成果大打折扣

我们要谈一个比较奇怪的观念，大家不必急于判断它是对还是错，因为所有观念都没有什么对错，合乎我们用的最要紧，我们提出的观念是**教育必须要有相当的权威性**。如果教育搞到完全没有权威性，恐怕这个成果要大打折扣。

我今年暑假在美国碰到一个中餐厅的老板，他跟我聊天，他说他在台湾初中毕业以后读了高中才移民到美国的。我就很好奇他跟我说这段干什么，他说因为他大学是在美国读的，他一生的教育，就是初中三年给他印象最深刻，那三年里面就是因为唐老师给他的印象到今天还不能忘记。我问唐老师怎么样，他说："唐老师很特别，我那边同学每次看我都会想到他。唐老师要求凡是班上的学生都要回去叫父母给他们一个决定书，就是同意老师体罚，否则就不要在他班上课。"我说："这样行得通吗？"他说："所有家长都同意。"当然大家现在都会说那是以前。不要急慢慢来。

他接着说："唐老师要求每个同学回去三天之内让父母写同意书，要么同意老师体罚要么调班。没有想到所有家长都同意给保证书，唐老师不会乱打人，但是他一定会常常打人，可是他打完了以后看你这个手有点红肿，他会拿万金油给你涂一涂。有一次上课的时候唐老师问全班同学：你们有怕我打的请举手？大家都没有举手就我一个人举手。"我问："你为什么举手？”因为我以为他是要公开反抗老师。他说：“我举手老师就问我，你不希望我打你，你讨厌我打你吗？”我说：“没有，我哪里有讨厌你打我？我也没有害怕你打我。”老师问：“你干吗举手呢？”我说：“你每次打了我以后，你一定会给我涂万金油，我回去以后那个万金油的味道还没有退，偏偏我妈妈闻到万金油的味道她就想吐很难过，是这一点我才举手的。”

各位可以把这个个案当作一个参考。我绝对没有理由说主张体罚，但是我希望各位把体罚跟训导稍微分开一点，要么怎么叫训？不能打不能骂叫训？我们不能训小孩，可是老师不能训学生了怎么教？不打可以，总要训。

所以我们现在把体罚跟教训混合在一起是不对的。你要教训要不要权威性？你怎么样小孩子不在乎，你怎么骂他都很皮你怎么教？但是希望各位仔细想想，父母没有天赋的权威，没有说你是爸爸孩子就要听你的，这种话是不存在的。所以有些爸爸会问小孩：“你怎么不听妈妈的话？”这些都是废话，小孩子没有当面顶撞你而已，他心想妈妈又怎么样，妈妈又不是神。我们没有理由认为，说自己是父母就天赋有这个权威，而且也是不可能的。**你一定要很谨慎才有权威性，只要你放纵自己，只要你很任性就一定没有权威性，**而且很快你的子女会联合起来反抗你，不反抗的子女就跑掉，就脱离家庭。所以一个父母认为自己是天生的当了爸妈就有权威，这个人是不可能有权威的，滥用权威，权威很快就会没有。父母不能说爱怎么样就怎么样，这只能证明本身修养不够。所以我们一定要有爱心，一定要有责任感，同时还要有毅力和决心才有这个权威。

> 父母不能说爱怎么样就怎么样，这只能证明本身修养不够。所以我们一定要有爱心，一定要有责任感，同时还要有毅力和决心才有这个权威。

权威是你自己奋斗得来的，不是天赋的，你不奋斗没有权威怪谁？你奋斗了半天还是没有权威你怪谁？小孩自动地尊敬你，小孩再怎么忙只要你一出声他就很注意听，这就是你的权威。哪天小孩一玩起来你讲什么他根本不听，你叫他也不理你，你算什么父亲呢？这是民主时代的笑话。所以我们在小孩去上学之前，最好在家里面教导他，因为你跟他有互动，他会慢慢了解你，会发自内心地尊重你，你就有权威性。我们说小孩要提前教育，你教育小孩提前认字读书，把英文学好，那么老师干什么？老师现在很奇怪，你去大学里面看音乐系招生，钢琴弹得好他才收。可是弹得好还用跟老师学习？但是今天因为竞争得厉害，这是你自己搞成这样子。

所以现在糟糕了，现在中学就要读大学的课程，要不然大学不要你，大学老师更轻松。所以以后我们规定，凡是到我这个大学读书的人，要把大学所有科目都在高中学习好，把成绩给我看，及格才进来，我就是盖章给文凭好了，我们觉得这样是对的。我告诉各位，美国已经在检讨这样的事情，因为每一个高中先修课程的水准是完全不一样的，各个学校拿来的成绩参差不齐，你怎么评定哪个你要，哪个你不要？所以很多人进了大学以后没有办法适应，学不了，因为他的成绩是假的。你说先修了，你说成绩很好，可是进来什么都不行了。所以美国已经开始在否定这些事情。而我们在后面盲目地追求，好像他们一定对，我们要小心，风水轮流转，最后是循环往复，不是走回头路，但是好像有一些逆向的操作。

我们提前教育还是要有心理建设、心理辅导课程，不是说把学校那一套提前拿来学习。现在小学教中学的课程，中学教大学的课程，最后水准普遍低，奇怪不奇怪？照理说水准应该整个提高。没有。我们要注意父母有效的教养一定要坚持以下原则：一是我们可以责备但不要怒骂，我们可以训导但不要体罚。**我们要客观冷静，很明确地把事情搞清楚才不会伤感情**。二是我们养成小孩习惯的时候不需要跟他说理由，比如教小孩子吃青菜你有什么理由可讲？你又懂多少？你不过也是道听途说而已，说这个有维他命，我们自古就吃而已。

我们各种维他命的比例都不一样，每个人需求不一样，统一的配给会害死多少人？等你把事情搞清楚你不要活了，一句话，你既然搞不清楚干吗长篇大论给你小孩讲道理？自欺欺人，我们天天都在自欺欺人，习惯就是习惯，有什么道理我也不知道。为什么做要做好我不知道。我祖父就是做得好好的，我爸爸也是做得好好的，我也做得好好的，你也跟我做得好好的，就没有事了。将来小孩长大他会知道他的事，我不相信一个父母自己会把道理说清楚，我不相信一个小孩你告诉他道理他会听明白。爬为什么好？你说给我听听看，爬对身体有利，最好是跪在那里也不要站在那里，你看我们一般人都能跪下去的，体能不好才跪不下去，可是我们懂得这些道理吗？

我们告诉他习惯就是习惯，将来他要不要改他自己长大决定，然后讲人家会这样子一代一代传下来一定有道理，我们很短暂的时间就要否定人家这个是非常奇怪的事情。结果搞得乱七八糟了。你看那个青菜凡是野生的都是有毒的，没有毒生存不了。所以我们把野菜采来吃其实就是吃毒，如今还流行着，而且好像野菜卖得特别贵，大家希望毒得更激烈一点？！任何菜、任何植物、任何动物都需要经过长时间的驯化，把它的毒消除到我们可以接受了才可以吃。你吃野猪看看？家猪跟野猪就是不一样，因为野猪有毒家猪没有毒，你吃家猪保险。但是现在野猪比较贵，所以各种各样的病都出来了，那活该。我们是生活在很无知的状况下。不要认为自己什么都搞清楚了，还差得太远，科学只是一小步。

> 我们是生活在很无知的状况下。不要认为自己什么都搞清楚了，还差得太远，科学只是一小步。

男女有别

培养儿子的气概、培养女儿的气质，才叫家庭教育

我们经常讨论有关教养子女的事情。教养子女不要太创新，这样只会把子女当作白老鼠，同时也不要把子女规定在某一个类型中，你怎么知道他将来要做什么？我问："你小孩现在3岁，你知道他将来要做工程师还是做老师？你又不是神仙怎么知道？就算你知道他自己也会变。你急什么？"

子女的态度突然间变了，那么做父母的就要反省。小孩不听话我们统统骂他，各位如果真正了解的话，子女的行为改变关键都在父母。你要改变这种状况只有先改变自己，父母这样孩子才这样。小孩成绩好了就开始要求这个要求那个，这就是父母惯坏的，为什么考100分就要给10元钱？为什么考100分就带他看电影？为什么考100分就要给他吃巧克力？考100分跟巧克力有什么关系？都是父母自作主张、自以为是在这里乱搞。他一考100分回来那个神气劲儿就出来了，嫌菜不好吃，嫌妈妈没有负责任，你怪谁？你说你只给他买巧克力了，那他会说："既然我考100分可以吃巧克力，那我考100分就可以买手机，我考100分还可以发脾气给妈妈难堪，都跟买巧克力是一样的。"

你认为不一样他认为是一样的。小孩有任何的突变，做父母的都要问问自己，是自己什么地方搞坏了。但是我告诉你不要期望小孩子感谢你，没有什么感谢，没有恩，我们在教养小孩的过程当中自己也在成长，我们

得到的比他还多。小孩越顽皮你得到的越多，你如果朝这个方面想你不感谢他就算了，他还感谢你！做父母的人都知道，我们没有生小孩以前跟小孩一样，生了小孩我们自然就不一样了，因为想到做爸爸要像一个爸爸的样子，你开始学习做爸爸，做爸爸后才知道做父母很辛苦，才会更加孝顺父母，做了爸爸以后会知道原来这个小孩长大那么辛苦。你会更爱惜自己，你好不容易长这么大，就是那样爬出来的。没有这种想法你生小孩干什么？你养小孩干什么？**小孩从我们这里得到了好处，我们从他那里得到了更多的好处，这样就是教学相长**。父母有的时候也会受委屈，不是只有小孩受委屈，小孩回来摔东西，回来把门关起来，你叫他不理你，你会怎么样？

这个时候父母就要一个唱白脸一个唱黑脸了，到底要谁唱白脸谁唱黑脸？两个都唱白脸也不对，两个都唱黑脸也不对，所以很自然父亲严母亲慈。母亲就进去劝他：“是什么事情呢？你跟妈妈讲好了，爸爸现在在忙，你赶快告诉我到底怎么回事。”这样才对。两个都是严，突然不说了，就找警察。这样是不对的。所以为什么我讲彼此搭配，其实都是为了整体的职能，男孩、女孩要一样好，但是要有不同的教养方式，其实我是反对男女同校的，但是没有办法，大家认为是那样子。男女同校真正分析起来，利少弊多。但是你的小孩既然是男女同校，你的家庭教育就要做调整，而不是说现在男不男女不女，男女混在一起无所谓，甚至女儿把男朋友带回来在客厅里抱来抱去，父母也当作没有看到一样。那你还算人吗？！

女孩子就是女孩子，男孩子就是男孩子，这个不是平等不平等的问题。一句话讲完了，男女是同权不同职。

女孩子就是女孩子，男孩子就是男孩子，这个不是平等不平等的问题。一句话讲完了，男女是同权不同职。有平等受教育的权利，但是尽职不一样。女孩子要害羞要矜持，不能像男孩子一样一招手就过来。我常常在路上看到很多男生把手放在女生身上，那个女生还很高兴的样子，一个女人什么都不知道就完了，还没有结婚他就跑到你头顶上来，你要这种男朋友干什么？这就表示你很可怜，我远远看到那女生的举动，她好像觉得全世界人都死光了，只有她男朋友是人一样，太可怜了。可怜到这个地步，你把你父母置于何地？女孩子要矜持，人家请你吃饭总说没空，这样不行，他再三地想办法请你表示有诚意，这不就是召之即来挥之即去。男孩子意志要坚强，不能哭就是不能哭。现在很多人讲男生也要哭，不然无法发泄。那是他们的说法，你要不要听，我们尊重各位。男人有眼泪往肚子里咽，男人会哭不是因为伤心哭，不是为了怕困难哭，而是很感动的时候自然热泪盈眶。那是一种有责任感的表现。

当你克服一切困难把事情完成了哭可以。遇到困难就躲起来哭，什么事情办不成就哭，这是废物。男女各自发挥所长，互相弥补不足，这才是家庭。所以要把儿子培养成有男子气概的男孩子，要把女儿培养成很有气质的女孩子，这才叫家庭教育。三个字讲完了，内在美。现在没有了，现在都是外在美，哪里有内在美？现在都是看外在美的。衣服很漂亮，衣服很漂亮又怎么样？化妆好看又怎么样？头发发型三天两天变怎么样？当大家都不重视内在美的时候你就知道人已经没有品德了，当大家都重视外在美的时候你知道已经没有内在美了。一个人要穿什么衣服先问问："看我的体格穿这个好看吗？"你看现在流行把肚子露出来，年轻小女孩露一露无所谓，七老八十还露给谁看？人家看到都作呕了，她还像很时髦一样。不觉得很奇怪吗？

> 当大家都不重视内在美的时候你就知道人已经没有品德了，当大家都重视外在美的时候你知道已经没有内在美了。

你看男生穿那种衣服，老实讲他不穿才对，但是他会穿就是为了时髦，最后搞得人不像人。你看有些人胖胖的，裤子穿七分的，裤带往下掉，整个人的比例完全不成人样，如果衣服不时髦打死他都不穿，他不会说："没有办法，人家都这样，我至少也这样。"他可以穿那件衣服但你不要穿那件衣服，因为你跟他不同，这是你的格调。这样才对。没有啊，每个人头发都要这样，就是为了英国的足球，"大家就都这样"，你就变成了它的奴隶。前面看起来像男生，后面看起来像女生，就是没有内在美才会这样，一个没有内在美的人会很注意他人的奇形怪状，这是很可怜的，但是我们现在越来越普遍。装模作样就是丑人多作怪，要不然做这怪干什么？一个人会穿什么样的衣服代表你的性格是什么样。你要注意。

人家可以穿你就是不能穿，因为你不一样，有人说“这样大家都不注意我”，那剃光头所有人都注意你，你就去剃。我没有反对任何事情，我只是说你如果这样做，你要承担那个后果。只要你敢承担那个后果，你考虑过了我们都应该尊重你，但是现在也没有考虑后果，就是为了时尚。现在搞得服装设计也穷途末路了，他不想怎么办，所以他就乱搞，我们就跟着他乱穿，这叫设计师吗？以后把裙子戴在头上；以后人倒过来走；以后人后面戴个面具，前面蒙起来。我很少反对什么事情，但是我每次看到很多人走路拍手就觉得很奇怪，那个叫拍手功，他说这样对身体好，就算这样你也不可以做，因为噪音已经够多了，你再加上这个，你到底尊重不尊重别人？你到山里面去，只有你一个人你爱怎么拍就怎么拍。在市里面，在公园里面，已经够吵了你还来搞这个东西。就是说你能活100岁，越活得久人家越讨厌，你学这个干吗？唯恐人家不知道，这种人是很可怜的。因为他没有权威，人没有权威是很难活的。只有靠这个看看有没有权威，结果想不到惹人家讨厌了。

权威来自不易言，父母要像父母，你才是真正的父母，父母做到一点儿权威性都没有，儿子不把你当一回事，女儿心目当中没有你，那你算什么父母？我想各位都不是这样的人，只不过有很多人很想把我们带到那种状况里面去，我们一起来预防，不要上当。

曾仕强教授出版著作

序号	书 名	定价
1	易经的奥秘（完整版）（《易经的奥秘1》增补版）	64.00
2	易经的奥秘2	64.00
3	易经的智慧合集（精装典藏版）（全六册）	680.00
4	易经良基（共六册）	192.00
5	易经良基·中（共六册）	192.00
6	曾仕强详解道德经：道经	39.00
7	曾仕强详解道德经：德经	42.00
8	道德经的奥秘	36.00
9	道德经的玄妙	49.80
10	论语的生活智慧(上下)（新版）	72.00
11	论语给少年的启示(上下)	58.00
12	曾仕强点评三国之道：论三国智慧（上下）	86.00
13	曾仕强评胡雪岩	29.80
14	胡雪岩：商圣是怎么炼成的	64.00
15	诸葛亮的启示	42.00
16	中华文化自信	45.00
17	中国人，你凭什么不自信	59.80
18	财神文化	49.80
19	我是谁	58.00
20	赢在职场：中国式职场修炼手册	49.80
21	别让情绪拖累你的人生	49.80
22	孝了，人生就顺了	64.00
23	坤道——曾仕强教做出色的中国女人（新版）	45.00
24	中国式教养，中国父母家庭教养必修课	49.80
25	中国式家风	49.80
26	中国式家庭教育	59.80
27	中国式亲子关系	59.80
28	中国式父母	59.80
29	中国式爱情与婚姻	59.80